Le paradis d'Elsie Reford

Les Jardins de Métis

Traduction : Jacques Desfossées
Révision et correction : Ginette Patenaude
Design graphique : Josée Amyotte
Consultant en horticulture : Albert Mondor
Traitement des images : Mélanie Sabourin

Catalogage avant publication de la Bibliothèque nationale du Canada

Reford, Alexander
    Les Jardins de Métis : le paradis d'Elsie Reford

    Traduction de : Reford Gardens : Elsie's paradise.

    1. Jardins de Métis (Québec). 2. Jardins - Québec (Province) - Grand-Métis. 3. Reford, Elsie Meighen, 1872-1967. 4. Jardins de Métis (Québec) - Ouvrages illustrés. I. Tanguay, Louise. II. Titre.

SB466.C33J37 2004b   712'.5'09714773   C2004-940810-0

Pour en savoir davantage sur nos publications,
visitez notre site : www.edhomme.com
Autres sites à visiter : www.edjour.com • www.edtypo.com
www.edvlb.com • www.edhexagone.com • www.edutilis.com

© 2004, Les Éditions de l'Homme,
une division du groupe Sogides

Tous droits réservés

Dépôt légal : 2ᵉ trimestre 2004
Bibliothèque nationale du Québec

ISBN 2-7619-1920-3

Gouvernement du Québec – Programme de crédit d'impôt pour l'édition de livres – Gestion SODEC – www.sodec.gouv.qc.ca

L'Éditeur bénéficie du soutien de la Société de développement des entreprises culturelles du Québec pour son programme d'édition.

 Conseil des Arts du Canada   Canada Council for the Arts

Nous remercions le Conseil des Arts du Canada de l'aide accordée à notre programme de publication.

Nous reconnaissons l'aide financière du gouvernement du Canada par l'entremise du Programme d'aide au développement de l'industrie de l'édition (PADIÉ) pour nos activités d'édition.

DISTRIBUTEURS EXCLUSIFS :

• Pour le Canada
et les États-Unis :
MESSAGERIES ADP*
955, rue Amherst
Montréal, Québec H2L 3K4
Tél. : (514) 523-1182
Télécopieur : (514) 939-0406
* Filiale de Sogides ltée

• Pour la France et les autres pays :
INTERFORUM
Immeuble Paryseine,
3, Allée de la Seine
94854 Ivry Cedex
Tél. : 01 49 59 11 89/91
Télécopieur : 01 49 59 11 96
Commandes :
Tél. : 02 38 32 71 00
Télécopieur : 02 38 32 71 28

• Pour la Suisse :
INTERFORUM SUISSE
Case postale 69 - 1701 Fribourg - Suisse
Tél. : (41-26) 460-80-60
Télécopieur : (41-26) 460-80-68
Internet : www.havas.ch
Email : office@havas.ch
DISTRIBUTION : OLF SA
Z.I. 3, Corminbœuf
Case postale 1061
CH-1701 FRIBOURG
Commandes :
Tél. : (41-26) 467-53-33
Télécopieur : (41-26) 467-54-66
Email : commande@ofl.ch

• Pour la Belgique et le Luxembourg :
INTERFORUM BENELUX
Boulevard de l'Europe 117
B-1301 Wavre
Tél. : (010) 42-03-20
Télécopieur : (010) 41-20-24
http://www.vups.be
Email : info@vups.be

Le paradis d'Elsie Reford

Les Jardins de Métis

Alexander Reford
TEXTE

Louise Tanguay
PHOTOGRAPHIES

Elsie Reford à l'âge de 25 ans.
Portrait réalisé en 1897.

La clairière de pavots bleus
(Meconopsis betonicifolia).

Remerciements

Écrire est une activité solitaire qui nécessite isolement et tranquillité. Or, si j'ai bénéficié d'une bonne dose de ces deux ingrédients essentiels au cours des derniers mois, c'est parce que ma merveilleuse équipe aux Jardins de Métis a su composer avec les absences de son directeur.

Plusieurs personnes m'ont encouragé à écrire ce livre. Merci aux journalistes, écrivains et consultants rattachés à divers musées qui, par leurs questions, m'ont poussé à examiner en profondeur le journal et la correspondance d'Elsie Reford, ainsi que les autres documents lui ayant appartenu. Merci également aux lecteurs qui ont contribué à l'amélioration générale du manuscrit et qui ont vérifié la justesse des informations qu'il contient. Parmi eux, mon père, Michael Reford, mon frère Lewis, ainsi que Patricia Gallant, Helen Meredith, Mary Pratte, Mélanie Robert et Susan Woodfine – mes amies jardinières. Je me suis référé aux mémoires de mon oncle, Robert Reford, et au portrait intime qu'il dépeignait de sa grand-mère ainsi que de la vie à Grand-Métis. Merci à Evelyn Annett et Rachel Turgeon pour leurs précieux commentaires.

Un grand merci à toute l'équipe des Éditions de l'Homme pour son enthousiasme indéfectible durant toutes ces années où nous avons discuté de ce projet et son appui au cours de sa réalisation.

Deux photographes se sont employés à capturer l'essence du jardin d'Elsie, à commencer par son mari, Robert Wilson Reford. Passionné de photographie de la première

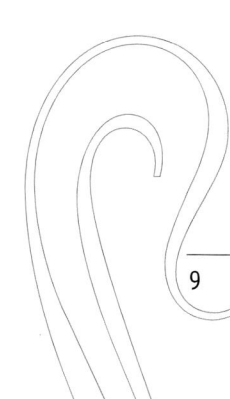

On ne saurait tarir d'éloges au sujet du L. Brownii. Nous sommes très fiers des succès obtenus avec ce lis à l'extraordinaire et lourde texture cireuse, à l'envers et aux anthères d'une riche couleur marron aux accents prune. Ses fleurs d'un vert nil délicat dégagent un parfum à la fois fugace et envoûtant.

Elsie Reford, « Lilies at Estevan Lodge »

Elsie Reford, debout près du massif central (Mound Garden).

heure, il a immortalisé les jardins année après année, jusqu'à sa mort, en 1951. Mon arrière-grand-père a passé un nombre incalculable d'heures dans la chambre noire d'Estevan Lodge à développer des négatifs et à tirer des épreuves. Certaines de ses photos étaient admirables, d'autres plutôt quelconques, néanmoins la chronique photographique qu'il fera des jardins de son épouse représente un document unique dans les annales de l'horticulture. La photographe Louise Tanguay a, quant à elle, visité les Jardins de Métis à plusieurs reprises depuis l'été 2000. Tantôt dans la douce lumière matinale de juin, tantôt dans la pénombre bleutée des soirs d'août et de septembre, elle a soigneusement fixé la splendeur des jardins dans l'œil de sa lentille. C'est à ces photographes issus de deux époques, de deux univers bien différents, que nous devons l'archive visuelle du paradis d'Elsie.

Alexander Reford
Grand-Métis, mars 2004

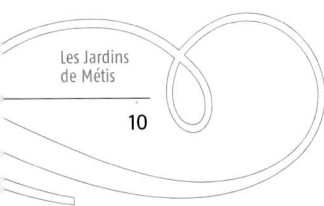

Sentier bordé de pins des montagnes (*Pinus mugo*).

Avant-propos

J'ai écrit ce livre parce que la vie de mon arrière-grand-mère, Elsie Reford, et la fabuleuse histoire de ses jardins ne cessent de susciter l'intérêt du public. La curiosité que l'on éprouve à l'endroit de cette femme remarquable est sans doute liée à la visibilité sans cesse croissante des Jardins de Métis, néanmoins son histoire est captivante en soi. Cette grande aventure que représente la création d'un jardin luxuriant au cœur du Bas-Saint-Laurent continue en effet de fasciner petits et grands. Ces dernières années, j'ai donné plusieurs conférences devant des membres de clubs de jardinage du Québec et tous sans exception se sont montrés passionnés par la vie et l'œuvre d'Elsie Reford. Invariablement, l'auditoire auquel je m'adressais manifestait une admiration spontanée pour cette femme qui a su transformer un petit coin sauvage du Québec en un jardin magnifique. Ces mêmes personnes me reprochaient souvent de ne pas avoir écrit un livre racontant l'histoire de sa vie. Les jardiniers étant des gens tenaces et obstinés, leur requête s'est faite de plus en plus pressante, au point où il m'est devenu impossible de l'ignorer.

Le titre du présent ouvrage, *Les Jardins de Métis : le paradis d'Elsie Reford*, a été choisi parce qu'il évoque l'aura de mystère qui continue d'entourer les jardins et leur fondatrice. De son vivant, mon arrière-grand-mère n'a partagé ce paradis intime qu'avec quelques élus. Elle était à bien des points de vue une femme distante, inaccessible et indépendante. Je l'ai connue un peu, m'étant rendu à son chevet à une ou deux reprises quand j'avais quatre ou cinq ans, mais je ne l'ai vraiment découverte qu'en lisant ce journal qu'elle tenait quotidiennement et qui relate ses activités d'horticultrice.

La publication de ce livre coïncide avec l'ouverture d'une exposition dédiée à Elsie Reford et à ses jardins. Ce grand événement ne pouvait avoir lieu qu'à Estevan Lodge, le camp de

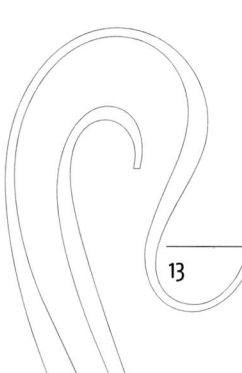

La véranda d'Estevan Lodge est agrémentée de rosiers et d'agapanthes à profusion.

pêche qui, pendant cinquante ans, fut sa résidence d'été. Nos visiteurs peuvent maintenant consulter le journal d'Elsie dans la pièce même où, chaque soir, elle couchait sur papier les détails de sa journée. Le présent ouvrage se veut d'abord et avant tout un complément à cette exposition, et non une biographie exhaustive d'Elsie Reford et de ses jardins. Pour mener à bien un projet de cette envergure, il me faudrait disposer de davantage de temps afin d'effectuer des recherches encore plus poussées.

Cet ouvrage offre un aperçu de ce qu'était la vie à Grand-Métis et, à cet égard, il constitue une œuvre complète en soi. Le lecteur découvrira les Jardins de Métis pour la première fois sous la plume même d'Elsie Reford. En citant le journal d'Elsie, mais aussi des extraits d'articles signés de sa main et publiés dans des revues d'horticulture, j'ai voulu rendre hommage à cette femme exceptionnelle et à son œuvre. Les photos prises par son mari donnent par ailleurs au lecteur la chance de voir les jardins dans l'état où ils étaient lorsqu'elle les décrivait dans son journal.

Mon arrière-grand-mère serait sans doute horrifiée d'apprendre que l'on se souvient d'elle surtout pour les jardins qu'elle a créés et ce livre n'a malheureusement pas pour objectif de redresser cette injustice. Bien qu'il ne soit jamais pertinent de réduire une vie entière à un seul accomplissement, cela l'est encore moins dans le cas d'Elsie Reford. Cette femme qui vécut jusqu'à l'âge de quatre-vingt-quinze ans était un personnage complexe, aux multiples facettes et aux nombreux talents. L'horticulture est un domaine qu'elle a assidûment exploré pendant plus de trois décennies et dans lequel elle excellait, mais ce n'était là que l'une de ses nombreuses passions. Son histoire ne se résume pas au jardinage. Bien qu'elle soit aujourd'hui reconnue pour les jardins qu'elle a réalisés à Grand-Métis, elle n'aurait pas voulu que l'on se souvienne d'elle uniquement pour cela. En lisant ce livre, vous découvrirez une femme avec ses passions, ses craintes, ses réussites et ses échecs. J'ai la certitude que vous en arriverez à la même conclusion que moi, à savoir qu'il s'agissait d'une femme extraordinaire, tant pour son époque que pour la nôtre.

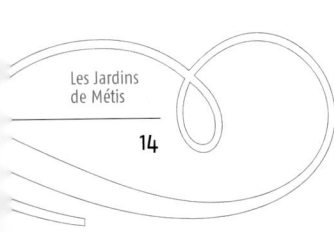

Tableau floral sur la High Bank au mois d'août.

Pommetiers en fleur (*Malus* cv.) près du banc d'Elsie.

CHAPITRE 1

Toute ma vie, je voudrai revenir vers ces superbes couchers de soleil.

Elsie Reford, le 20 juillet 1913

Pages 20-21 : Pommetiers en fleur au mois de juin.

Pages 22-23 : Parmi les centaines de photos montrant Elsie Reford dans ses jardins, c'est sans doute celle-ci la meilleure, prise par son mari vers 1930.

Coucher de soleil vu de la véranda d'Estevan Lodge.

Un paradis lointain

Durant l'été de 1926, Elsie Reford entreprend de transformer son camp de pêche de la rivière Mitis en un magnifique jardin. Elle mettra trente années à mener à bien ce projet. Situé à quelques degrés seulement au-dessous du 49ᵉ parallèle, il n'existait aucun autre jardin de ce genre sous cette latitude dans tout l'Est du Canada. Les dénommés « Jardins de Métis » ou « Reford Gardens » ont acquis une réputation bien méritée depuis leur ouverture au public en 1962.

Le moins que l'on puisse dire, c'est que le jardin d'Elsie Reford ne manque pas de caractère : unique et audacieux, il est à la fois traditionnel et innovateur. Peu de jardins ont été élaborés dans d'aussi rudes conditions. Se trouvant à des centaines de kilomètres de la pépinière la plus proche, Elsie Reford a dû surmonter d'innombrables obstacles pour l'élaborer. Au fil des années, elle a fait d'une simple forêt d'épinettes un jardin arborant la plus vaste collection de plantes de l'époque. Elle a creusé la terre, bâti des murs de pierre et déplacé des arbres. Elle a fait venir des rochers de champs avoisinants et les a placés un à un dans son jardin. Pour favoriser la croissance de ses plantes exotiques, elle a créé un terreau spécial à partir de feuilles qu'elle troquait à des fermiers de la région contre du saumon frais. Là où des jardiniers d'expérience avaient échoué, Elsie Reford a triomphé, réussissant à transplanter, à adapter au climat québécois et même à propager des espèces rares telles que les azalées et les pavots bleus. Formés par elle, des fermiers et des pêcheurs de la région sont devenus des jardiniers chevronnés qui, pendant plus de trois décennies, l'ont secondée dans l'élaboration de ce jardin remarquable. Avec l'aide de son mari, Robert Wilson Reford, un

Les chutes de la rivière Mitis, vers 1920.

L'embouchure de la rivière Mitis, à la hauteur d'Estevan Lodge, vers 1900.

photographe amateur passionné, Elsie Reford a soigneusement enregistré pour la postérité, et ce, avec une rigueur scientifique, toutes les étapes de la conception et du développement de son jardin.

Elsie Stephen Meighen est née le 22 janvier 1872. Elle a étudié à Montréal, où elle a grandi, mais aussi à Paris et à Dresde, en Allemagne. Son père, Robert Meighen, était président de la Lake of the Woods Milling Company, la plus importante entreprise de meunerie de tout l'Empire britannique – c'est cette compagnie qui fabriquait la farine Five Roses. Sa mère, Elsie Stephen, était la sœur cadette de George Stephen qui, dans les années 1870, avait fait fortune en construisant et en exploitant un chemin de fer reliant le Minnesota au Manitoba. Baptisée St. Paul, Minnesota and Manitoba Railway, l'entreprise devint la pierre angulaire d'un empire commercial qui allait rayonner dans tout le continent nord-américain, permettant à Stephen et à ses principaux associés – son cousin Donald Smith, le futur Lord Strathcona, ainsi qu'un certain J. J. Hill – d'amasser une fortune colossale. En 1880, Stephen fondait le Canadien Pacifique. Président et financier de cette société, il sera le principal bâtisseur du chemin de fer transcontinental reliant Montréal et Vancouver. Cette réalisation, qui a grandement contribué à l'unité de l'Empire, lui a valu la gratitude de la reine Victoria. Peu après la fin de la construction du chemin de fer en novembre 1885, Stephen était sacré baronnet; il porterait dorénavant le titre de: «Sir George Stephen, baronnet de Montréal et de Grand-Métis, Québec.»

Bien que vivant à Montréal, Stephen s'accorde chaque été plusieurs semaines de vacances pour aller pêcher le saumon dans les rivières de l'Est du Québec. En 1886, il achète en bordure de la rivière Mitis une propriété de 100 acres. L'année suivante, il fait construire un camp suffisamment grand pour accueillir ses expéditions de pêche. Il baptisera l'endroit «Estevan Lodge». L'immense construction de bois occupe un promontoire situé au confluent de la rivière Mitis et du fleuve Saint-Laurent. En 1832, le célèbre arpenteur et cartographe Joseph Bouchette décrivait le site en ces mots:

Photo montrant Estevan Lodge telle qu'elle était lors de sa construction en 1887.

Portrait de George Stephen, vers 1897.

À 24 milles en aval de Rimouski, la grande rivière Mitis se jette dans l'Anse aux Snelles, un vaste estuaire qui, à marée basse, permet le passage à gué. L'auberge de monsieur Larrivé se situe à l'embouchure de cette rivière en travers de laquelle des allingues ont été tendues pour contenir les grumes provenant de la scierie. La scierie elle-même est située stratégiquement à environ un mille et demi en amont, au pied de chutes qui sont utilisées pour la faire fonctionner. À cet endroit, la rivière forme un bassin quasi-circulaire entouré d'une paroi rocheuse d'environ 200 pieds de hauteur – sauf du côté est, d'élévation égale mais présentant un terrain boisé. La scierie a été construite là où les chutes connaissent leur plus forte inclinaison. Le grondement de la machinerie, la beauté et le tumulte de la cascade, la singulière sauvagerie du paysage, tout cela confère au site une aura de romantisme. La scierie est généralement exploitée par un grand entrepreneur forestier et la marchandise est chargée à Mitis, sur des bateaux qui, bien que cela les expose aux rigueurs des éléments et des marées, jettent parfois l'ancre au large de l'Anse aux Snelles.

Joseph Bouchette, *The British Dominions of North America*

Au XIXe siècle, l'embouchure de la rivière abrite un port commercial. Érigé non loin de là, le village de Grand-Métis compte un bureau de poste ainsi qu'un atelier de forgeron ; c'est par ailleurs là que se trouvent les bureaux des Price Brothers, à qui appartient la concession forestière s'étendant vers le sud de part et d'autre de la rivière Mitis. À cette époque, le promontoire sur lequel Estevan Lodge sera éventuellement construite n'a pas encore été exploité et demeure inhabité.

L'achat de la propriété par George Stephen se fit en deux temps. Le 14 juillet 1886, Stephen acquit d'Archibald Ferguson, un propriétaire foncier de la région, le terrain situé à l'est de la rivière Mitis. Cette terre faisait anciennement partie de la seigneurie De Peiras, que Ferguson avait achetée à la famille McNider, qui la tenait elle-même des descendants de ce seigneur. La propriété de 40 acres était délimitée au nord par le fleuve Saint-Laurent, au

L'ancien pont de bois de la rivière Mitis fut remplacé par le pont Bergeron en 1929.

« Les Fourches », le camp de pêche de George Stephen sur la rivière Matapédia à Causapscal, dans les années 1880.

Lady Mount Stephen, en compagnie de deux guides de pêche, Douglas Berchevaise et Lewis Edan, exhibe fièrement un saumon de 15 kg et de 100 cm de longueur.

sud, par la route qui longeait la rivière, à l'ouest, par la concession des Price Brothers et à l'est, par la ferme de W. E. Page. C'est sur cette propriété que George Stephen allait bâtir son camp de pêche. Par la suite, il a acheté la Pointe-aux-Cenelles (le mot « cenelle », ou « snelle », désigne la baie de l'aubépine) et le côté ouest de la rivière Mitis à un juge de Rimouski, Ulric-Joseph Tessier. Une ferme fut construite sur ce site afin d'approvisionner Estevan Lodge en lait, en beurre et en autres produits frais. Stephen a aussi acheté un terrain qui bordait la rivière sur 6,5 kilomètres, de l'embouchure jusqu'aux chutes. Si Stephen a acquis toutes ces terres le long de la rivière, c'est qu'il voulait être le seul à avoir le droit d'y pêcher. Après avoir investi des sommes considérables dans l'entreprise, il s'est retrouvé propriétaire d'un site idyllique, idéal pour pêcher le saumon à la mouche.

Enthousiasmé par le fabuleux potentiel de la rivière Mitis, Stephen décida d'abandonner son camp de pêche situé à 160 kilomètres au sud, au confluent des rivières Matapédia et Cascapédia. On ignore cependant ce qui l'a poussé à se départir de son camp de pêche à Causapscal, « Les Fourches ». Peut-être était-il situé trop près du très achalandé chemin de fer Intercolonial. Ou peut-être Stephen rêvait-il tout simplement d'eaux plus calmes, de quartiers plus spacieux. Peut-être encore souhaitait-il, comme bien des vacanciers de l'époque, troquer ces étés étouffants typiques de la vallée de la Matapédia contre l'air vif et frais du Saint-Laurent. Quelle qu'en soit la raison, Stephen a fini par donner plusieurs centaines d'acres de son terrain à ses anciens employés et par vendre au club de pêche de Restigouche certains des plans d'eau les plus riches en saumon au monde.

À cette époque, la rivière Mitis était beaucoup moins connue des pêcheurs que la rivière Matapédia. Les compagnies de bois, qui utilisaient la rivière pour transporter le bois, faisaient de la pêche une activité dangereuse, voire impossible à pratiquer dans ces eaux. De plus, ces compagnies avaient construit des barrages de branches et de boue pour contenir les grumes flottant sur la rivière.

Lord Bessborough, gouverneur général du Canada, se fait guider sur la rivière Mitis, 1935.

Invités pêchant sur la rivière Mitis.

Mais Stephen n'était pas le seul à avoir pressenti le potentiel de la rivière Mitis. En 1860, Sir James Edward Alexander, un colonel britannique qui était à la fois auteur et pêcheur émérite, décrivait ainsi le potentiel de cette rivière :

> [...] malgré la présence de billes de sciage, les pêcheurs ont réussi à ferrer et à capturer quelques saumons de bonne taille [...] à Métis, en juin, un pêcheur a vraiment de bonnes chances de prendre de gros poissons ; ce faisant, il risque même d'en perdre plusieurs. Et si le seigneur des lieux tient parole, qu'il retire les barrages et débarrasse la rivière des grumes qui l'encombrent, il est probable qu'il fera des milliers de dollars chaque année en l'exploitant.
>
> Colonel Sir Edward Alexander, *Salmon-Fishing in Canada*, 1860

La construction du camp de pêche fut complétée en 1887. George Stephen baptisa l'endroit « Estevan Lodge », d'après le nom qu'il utilisait pour sa correspondance confidentielle. Dans les années 1880, époque où il travaillait avec ardeur au financement et à la construction du chemin de fer du Canadien Pacifique, Stephen recevait des centaines de télégrammes adressés à « Estevan » ; c'était son nom de code secret. Certains pensent qu'il s'agit là d'un assemblage des noms « Stephen » et « Van Horne » – de William Van Horne, directeur général du Canadien Pacifique et auteur de bon nombre de ces télégrammes urgents. Mais Estevan était peut-être aussi une variante de « Esteban », l'équivalent espagnol de « Stephen ». La propriété portera ce nom jusqu'en 1962, année où elle fut ouverte au public et rebaptisée « Villa Reford », en l'honneur d'Elsie Reford et de sa famille. La demeure a récemment repris son nom d'origine, « Estevan Lodge », après sa restauration en 2003. (Son nom français est maintenant « Villa Estevan ».)

Il y a une certaine ironie dans le fait que Stephen ait donné à sa paisible propriété un nom associé à la période la plus mouvementée de sa vie. Estevan Lodge se voulait en effet un havre de paix pour Stephen et son entourage. Il aimait pêcher là avec son

Un paradis lointain

Dans les jardins, cinq ponts enjambent le ruisseau.

Cette aquarelle montre la rustique simplicité et l'aménagement paysager rudimentaire qui, à l'origine, caractérisaient Estevan Lodge.

Des fleurs agrémentant une table dans le boudoir d'Elsie. Il y avait des bouquets comme celui-ci dans toutes les pièces d'Estevan Lodge.

épouse et ses amis, lançant tranquillement sa ligne dans les eaux turbulentes de la rivière Mitis. Même lorsque Stephen recevait ses partenaires d'affaires et ses alliés politiques à Estevan Lodge, il s'intéressait davantage à la pêche qu'aux questions de finance.

À l'origine, la propriété était vaste, mais modestement paysagée. La description suivante date de 1894 :

> La maison se trouve au bout d'une allée de 1 500 pieds de longueur sur 24 de largeur. Cette voie parfaitement nivelée est couverte de gravier et de pierres concassées. Le terrain lui-même est boisé et en bon état ; surplombant la baie, il offre une vue magnifique sur le golfe du Saint-Laurent. La berge est aménagée de façon à favoriser la baignade. La maison du gardien, les écuries, la remise des voitures à chevaux, les granges et autres bâtiments annexes sont séparés de la résidence principale par un bosquet d'arbres. Neuves et bien entretenues, ces constructions sont attenantes à de vastes pâturages. L'ensemble de la propriété est entouré d'une solide palissade et l'entrée est gardée par des grilles imposantes […] il n'est de site plus sain, plus pittoresque dans tout le Bas-Saint-Laurent.

On construisit Estevan Lodge durant l'été de 1887. On ne sait pas exactement qui en fut l'architecte, mais il est possible que Stephen ait retenu les services de William Tutin Thomas. Plusieurs années auparavant, Thomas avait conçu la fastueuse résidence montréalaise de Stephen. Selon certains documents, l'architecte d'Estevan Lodge aurait été payé 180 $ pour son travail. Il faut dire que la structure originelle, une simple construction de plain-pied, était beaucoup plus modeste que le bâtiment que nous connaissons aujourd'hui. Les bardeaux des murs étaient peints en blanc et ceux du toit, en cèdre, avaient été teints rouge sang. Les chambres à coucher étaient disposées de part et d'autre d'un long corridor étroit. À cette époque, le salon et la salle à manger offraient une vue imprenable sur la rivière Mitis et le mont Comi ; aujourd'hui, de grands arbres masquent ce paysage. La véranda qui

L'allée de service d'Estevan Lodge, vers 1904.

Pages 36-37 : Au nord d'Estevan Lodge, on aperçoit la Pointe-aux-Cenelles ainsi que l'île située dans la baie de la rivière Mitis.

entoure la demeure sur trois côtés est à bien des égards la pièce la plus attrayante de toute la maison. Dans la fraîcheur du soir, après une longue journée sur la rivière, Stephen s'asseyait là avec son épouse et ses compagnons de pêche pour s'imprégner des lueurs rosées du couchant et siroter un bon scotch qui lui rappelait sans doute sa ville natale de Dufftown, en Écosse. Estevan Lodge est en effet orienté de façon que tous puissent contempler à loisir les couchers de soleil : au solstice d'été, le soleil se couche directement entre les colonnes ornées qui soutiennent la véranda.

À l'origine, Estevan Lodge comptait 13 pièces. Une grande dépense reliait le bâtiment principal à l'aile de service, laquelle abritait une vaste cuisine. Situés eux aussi à l'arrière du bâtiment principal, les quartiers des domestiques accueillaient des membres du personnel de cuisine et de maison durant les mois d'été. À côté de la maison se trouvait une remise dans laquelle les saumons étaient conservés sur des blocs de glace taillés à même la rivière Mitis durant l'hiver ; ces blocs étaient enveloppés dans du bran de scie, ce qui ralentissait la fonte de la glace. Un château d'eau surmonté d'un moulin à vent apportait l'eau fraîche d'un ruisseau dans une citerne qui alimentait la maison en eau courante. Estevan Lodge était en quelque sorte le cousin pauvre de la résidence montréalaise de Stephen. Seuls les hauts plafonds et les ornements dénotaient une vague parenté avec le palace d'inspiration italienne, tout de pierre et de boiseries exotiques, de la rue Drummond. D'un point de vue architectural, Estevan Lodge constituait un ensemble hétéroclite, quoique fonctionnel et accueillant. Il ne s'agissait après tout que d'un camp de pêche.

Les murs intérieurs d'Estevan Lodge étaient faits de panneaux de sapin de Douglas provenant de la Colombie-Britannique. À l'époque où la maison fut construite, cette essence issue des forêts de la côte ouest commençait tout juste à être exportée dans l'Est du pays. La création du chemin de fer Canadien Pacifique en 1885 et l'implantation, en 1886, d'un service ferroviaire régulier en ont fait un bois d'œuvre de plus en plus populaire. Fort coûteux aujourd'hui, le sapin de Douglas, ou Douglas vert, était alors l'une des essences les

Le manoir de George Stephen sur la rue Drummond fut acheté en 1900 par Robert et Elsie Meighen, les parents d'Elsie. À partir de 1926, la fastueuse demeure abritera le Mount Stephen Club.

En 1908, les Meighen organisèrent une réception en plein air en l'honneur de la visite du maréchal Lord Roberts à Montréal.

moins dispendieuses. Ayant découvert ce bois magnifique lors de sa première inspection officielle des voies du Canadien Pacifique en 1886, Stephen tomba sous le charme. Le Douglas vert qu'il expédia à Grand-Métis fit partie de l'un des premiers convois de marchandises à traverser le Canada sur les rails de la nouvelle voie ferrée.

L'ameublement d'Estevan Lodge était beaucoup plus sommaire que celui de l'opulente résidence de la rue Drummond. De toute évidence, Stephen favorisait à Grand-Métis un style de vie plus dépouillé. Réalisé par S. R. Parsons, un fabricant de meubles montréalais, le mobilier du camp, qui était sobre et discrètement orné, a coûté à Stephen la coquette somme de 3 712 $. Les meubles ont pour la plupart été dispersés après la vente d'Estevan Lodge au gouvernement du Québec en 1961, mais puisqu'ils sont aisément reconnaissables du fait de leur style très particulier et que le sceau du fabricant apparaît sous chaque pièce, il a été possible de récupérer petit à petit plusieurs éléments de l'ameublement original. En dépit de sa relative simplicité, Estevan Lodge représentait un investissement appréciable : le comptable de Stephen avait estimé le coût de construction du bâtiment lui-même à 38 000 $; le coût pour l'ensemble du projet, incluant la maison, le terrain et l'aménagement paysager, s'élevait à 73 426 $.

En 1891, Stephen établit sa résidence permanente à Londres, mais retourna tout de même pêcher à Grand-Métis durant l'été. Après la mort de son épouse en avril 1896, Stephen ne revit plus jamais Estevan Lodge. « Je ne peux plus retourner là, confia-t-il à son ami Garnet Wolseley. Je n'allais jamais sur la rivière sans elle, aussi son souvenir me hanterait-il à chaque instant. » Il songe dès lors à se départir de la propriété et prépare une description détaillée pour inciter J. J. Hill, son ami et associé, à la lui acheter. Ce dernier avait l'habitude de faire le trajet entre Saint Paul, Minnesota, et la rive nord du Saint-Laurent, aussi déclina-t-il l'offre, préférant la situation de son propre camp de pêche sur la rivière Saint-Jean.

La salle à manger à Estevan Lodge.

Il n'était pas rare que l'on capturât des saumons de plus de 11 kilos sur la rivière Mitis.

À partir des années 1890, Estevan Lodge sera utilisé par les amis et associés de Stephen. Parmi les visiteurs, on retrouve des sportifs comme Percy Rockefeller, ainsi que des hommes d'affaires tels James Stillman, président de la National City Bank of New York (mieux connue aujourd'hui sous le nom de Citicorp). Gaspard Farrer, ami et conseiller financier de Stephen à la Baring Brothers, une banque d'investissement londonienne, quittait chaque été l'Angleterre pour venir taquiner le saumon à Grand-Métis. Mais les visiteurs les plus assidus étaient sans contredit Elsie Reford et John W. Sterling – Elsie et sa famille occupaient les lieux en août, tandis que Sterling venait en juillet.

John Sterling pouvait venir à loisir à Estevan Lodge du fait qu'il était depuis longtemps l'un des principaux conseillers de Stephen. Fondateur de Shearman and Sterling, une prestigieuse firme d'avocats de Wall Street, Sterling était l'avocat de la filiale new-yorkaise de la Banque de Montréal et conseiller juridique de George Stephen et de Donald Smith. Partenaire des deux hommes dans leurs entreprises de chemin de fer, Sterling deviendra l'un des hommes les plus riches d'Amérique – à sa mort, il léguera plus de 29 millions de dollars à l'université Yale, où il avait fait ses études. Sterling était un vieux garçon pointilleux et excentrique qui se cloîtrait parfois dans le camp de pêche de son ami pendant plusieurs jours sans même mettre le pied dehors. Il mourut d'ailleurs à Estevan Lodge – dans « le château de Lord Mount Stephen », tel que mentionné dans un numéro New York Times de l'époque. À la suite du décès de son compagnon et associé, Stephen put enfin honorer une promesse qu'il avait faite plusieurs années auparavant : le 12 septembre 1918, il fit cadeau d'Estevan Lodge à Elsie Reford. Trois années plus tard, à l'âge de quatre-vingt-douze ans, Stephen mourait en Angleterre dans son domaine, à Brocket Hall.

Pourquoi Stephen a-t-il choisi de donner Estevan Lodge à Elsie Reford ? Personne ne le sait exactement. Il est vrai qu'Elsie était sa nièce favorite et qu'elle partageait sa passion pour la pêche au saumon. Chaque été elle écrivait à son oncle, précisant la grosseur de ses prises et révélant quels points de la rivière avaient été les plus productifs.

Un paradis lointain

Le pont Bergeron enjambe la rivière Mitis.

Vue vers le nord à partir du balcon d'Estevan Lodge.

Elsie a conservé sa taille de jeune fille presque toute sa vie – elle faisait 43 cm de tour de taille. On la voit ici portant la traditionnelle ceinture fléchée.

Tout indiquait qu'Elsie, qui était la fille de la sœur préférée de Stephen, nourrissait à l'endroit de son oncle une admiration sans bornes. Excellent juge de caractère, George Stephen a su reconnaître les talents et l'intelligence de sa nièce. Durant la Première Guerre mondiale, Elsie passait de longues périodes en Angleterre et visitait régulièrement son oncle à Brocket Hall ; elle appréciait beaucoup sa compagnie ainsi que celle de Gian, sa seconde épouse. Stephen n'avait pas eu d'enfants, mais il avait une fille adoptive nommée Alice à qui il avait déjà donné une maison à Londres. Le mari de celle-ci, Lord Northcote, fut gouverneur général de l'Australie de 1904 à 1908 et pourvoyait donc largement aux besoins financiers de son épouse. À la mort de son père en 1911, Elsie avait hérité du tiers de sa fortune, aussi avait-elle les moyens de payer les gardes et les guides qui travaillaient sur la propriété, ainsi que les nombreux employés de maison d'Estevan Lodge. Son mari, Robert Wilson Reford, partageait son amour pour la région et la nature, et pour Estevan Lodge.

L'héritage qu'a transmis Stephen à Elsie Reford ne se résumait pas à la propriété proprement dite, mais s'étendait à l'estime des gens de la région. Dans une lettre adressée à Elsie en 1909, le curé de la paroisse Saint-Octave-de-Métis, Louis-Jacques Langis, écrivait : « Vous représentez ici un homme pour lequel j'ai beaucoup de respect et d'admiration. Je n'ai pas eu l'honneur de connaître Lord Mount Stephen personnellement, mais on m'a assuré que c'était un homme libéral et généreux à l'endroit des Canadiens français. Il n'a jamais fait preuve de sectarisme et a toujours été un ami sincère des Canadiens français. Or, ce que j'admire dans l'oncle, je l'admire aussi dans la nièce. »

Elsie Reford jouait du violon tous les jours avant que son rôle de volontaire durant la Première Guerre mondiale ne l'oblige à abandonner ce rituel musical.

Le violon d'Elsie Reford

Dans la bourgeoisie montréalaise du début du XXe siècle, toute jeune fille de bonne famille se devait d'apprendre la musique. Les enfants des Meighen – Elsie, Margaret et Frank – bénéficièrent tous d'une solide éducation musicale. Musicienne accomplie, Elsie jouait aussi bien du violon que du piano. Son frère Frank aimait tant la musique que, de 1910 à 1913, il a financé de sa poche la Compagnie d'opéra de Montréal – une fantaisie qui lui coûta la rondelette somme de 100 000 $. Margaret aimait elle aussi la musique... mais elle aimait encore davantage son maître de musique. Elle s'enfuit éventuellement avec lui et l'épousa sans le consentement de ses parents.

Le violon d'Elsie fut fabriqué au début du XIXe siècle par la famille Klotz. Établis à Mittenwald en Allemagne, les Klotz étaient luthiers de père en fils depuis le XVIIe siècle. Une célèbre firme de lutherie parisienne, Collin-Mezin, avait fabriqué l'archet. L'étui de l'instrument était en soi une véritable œuvre d'art. Le père d'Elsie lui avait offert en cadeau cette création de la compagnie londonienne E. Withers and Co. Les initiales de la jeune musicienne – ESM, pour Elsie Stephen Meighen – étaient brodées sur le couvercle. Elsie joua quotidiennement du violon pendant plusieurs années. Ce n'est que lorsqu'elle fut appelée à servir comme volontaire durant la Première Guerre mondiale qu'elle dut abandonner cette pratique. Bien des années plus tard, alors qu'elle était vieille et malade, ses petits-enfants ont apporté une chaîne haute-fidélité à son chevet. Elsie Reford était âgée de plus de quatre-vingt-dix ans quand elle a commencé à écouter des disques. En plus d'être distrayante, cette activité lui permettait de se remémorer les élans musicaux de sa jeunesse.

Pages 46-47 : La rarissime pivoine de Veitch *(Paeonia veitchii)* est l'une des premières pivoines de la collection d'Elsie à avoir fleuri dans ses jardins.

Un paradis lointain

CHAPITRE 2

Ici, en ces nuits d'été, le monde semble imprégné d'une rare immobilité et enveloppé dans un silence sacré à peine ponctué par le doux clapotis de l'océan ; ici, la lune d'argent clair brille d'une céleste limpidité et règne sur un ciel sans nuages, vaporisant sa lumière sur les pétales des lis et sur le visage radieux, tourné vers les cieux, de chaque fleur. L'ineffable beauté du paysage transcende le temps et l'espace et exhale un parfum d'éternité.

Elsie Reford, « A Lily Garden in the Lower St. Lawrence Valley »

Pages 48-49 : La High Bank est magnifique au mois d'août.

Pages 50-51 : La High Bank, 60 ans auparavant.

Lis martagon (*Lilium martagon*).

La naissance d'un jardin

Jardiner ne fut pas la première passion d'Elsie Reford. Dans les années 1900, elle venait à Grand-Métis pour chasser, pêcher, faire de l'équitation et du canotage. Chaque été, bon an mal an, on la trouvait à Estevan Lodge, taquinant le saumon sur la rivière Mitis. Puis, en 1926, à l'âge de cinquante-quatre ans, elle dut se faire opérer et, à la suite de cette opération, il lui fallut renoncer à sa pêche chérie et choisir une activité moins dangereuse, comme la lecture et, pourquoi pas, le jardinage.

C'est durant cet été de 1926 qu'elle se mit à la conception de ses jardins et qu'elle en amorça la réalisation. Leur construction ne sera achevée que dix ans plus tard et ils s'étendront sur plus de 20 acres. Et dire que lorsqu'elle avait commencé les travaux, l'aménagement paysager de la propriété se résumait à une haie de cèdres, à des arbres bordant l'entrée et à des pots de fleurs que l'on disposait sur la véranda. Si le foin était coupé, c'était pour nourrir les chevaux et non pour obtenir une belle pelouse. Il ne s'agissait, après tout, que d'un camp de pêche.

Dans sa jeunesse, Elsie Reford n'avait pas de penchant particulier pour le jardinage. Cela dit, son entourage l'a amenée à développer un réel intérêt pour la chose. La maison de son oncle à Montréal comptait un verger, un jardin, ainsi qu'une serre où poussaient des fougères et des plantes tropicales. Après que son père eut acheté la propriété de cet oncle en 1900, il ouvrit sa collection d'orchidées au public à l'occasion de visites organisées par la Société d'horticulture de Montréal. Juste avant la Première Guerre mondiale, Elsie s'est intéressée au mouvement Cité-jardin qui regroupait des architectes, des

Elsie Reford lors d'une visite à Brocket Hall, le domaine de son oncle situé à Hertfordshire, en Angleterre.

Un jardin est une œuvre à jamais inachevée – Elsie Reford travaillant dans ses jardins.

Elsie Reford admirant l'une de ses plantes favorites, le lis martagon à fleurs blanches (*Lilium martagon* var. *album*).

paysagistes, des planificateurs urbains et des philanthropes désireux de créer un environnement convenable pour les ouvriers du secteur industriel et, de façon plus générale, d'améliorer les conditions de vie dans les villes. Elsie Reford préconisait la création d'un jardin de ville à Montréal et faisait partie de plusieurs comités visant à améliorer la qualité des terrains de jeu dans les écoles de la métropole.

À l'instar de bon nombre de concepteurs de jardins nord-américains, Elsie Reford s'est probablement inspirée de ses fréquentes visites dans les jardins sauvages à la ville et à la campagne lors de ses visites en Angleterre. En tant que directeur canadien de la Cunard Line, une compagnie transatlantique dont la flotte faisait régulièrement la navette entre Montréal, Southampton et Liverpool, Robert Wilson Reford se devait d'assister à la réunion annuelle du conseil d'administration en Angleterre. Elsie, qui faisait généralement le voyage avec son mari, en profitait pour explorer des jardins et visitait régulièrement son oncle à son domaine de Brocket Hall, lequel était doté de grands jardins et magnifiquement paysagé.

Il est difficile de dire dans quelle mesure les jardins qu'Elsie a vus en Angleterre et les jardiniers qu'elle y a rencontrés ont stimulé son intérêt pour le jardinage mais, quelle que soit l'origine de sa passion, il demeure que les Jardins de Métis sont manifestement une expression de sa propre créativité. Elsie a en effet délibérément évité de faire appel à des professionnels pour la seconder. En 1949, elle écrivait : « Il n'y avait pas d'architecte paysagiste pour nous prémunir contre ces erreurs qui nous ont fait perdre du temps et auxquelles il a fallu remédier, mais qui, dans la foulée, nous ont appris énormément. » Sans doute est-ce cette conception solitaire qui fait que ses jardins sont absous de toute rigueur ou ornementation excessives et qu'ils ne ressemblent à aucun autre jardin. Plutôt que d'opter pour une série de serres à proximité de la maison, Elsie a choisi d'élaborer un ensemble de jardins extérieurs aménagés autour du ruisseau Page qui serpente à travers la propriété.

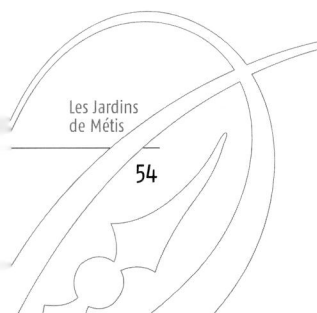

Cette photo panoramique capte merveilleusement la beauté naturelle des jardins.

Ces pierres de gué permettaient à Elsie et à ses jardiniers de traverser le ruisseau.

« Je n'ai pas cherché à planter de façon méthodique, écrit-elle. Il n'y a pas ici de plates-bandes proprement dites. Les jardins sont entrecoupés de petits boisés que j'ai laissés intacts et ont été conçus de manière à suivre le parcours sinueux du ruisseau. » D'une grande originalité, l'ensemble se dessine en un sentier qui coule d'un jardin à l'autre, occasionnellement interrompu par les ponts qui enjambent le ruisseau.

Elsie Reford a dû surmonter de nombreuses difficultés durant la réalisation de son projet. Elle a souffert d'allergies qui l'ont parfois forcée à demeurer alitée pendant plusieurs jours. Des visites répétées chez ses médecins l'ont finalement guérie de ces malaises. Et puis il y avait les problèmes relatifs au sol. Estevan Lodge étant d'abord et avant tout un camp de pêche, le site fut choisi pour la proximité de la rivière et pour ses points de vue magnifiques, et non pas pour la richesse du sol. En commençant à creuser, Elsie a très vite réalisé l'ampleur de la tâche qu'elle s'était fixée. « Pour ce qui est de la qualité du sol, Estevan Lodge n'a pas été choyé, écrivait-elle à l'époque. Dès le début des travaux, nous avons découvert que le sol de l'endroit était pratiquement impropre à la culture. »

Une terre pauvre recouvrait un sol argileux. Afin de remédier à ces lacunes, Elsie dut concevoir pour ses plantes un terreau spécial fait de sable et de feuilles mortes. « Il a fallu beaucoup de temps et de patience pour transporter et mélanger ces deux ingrédients, puis pour aller chercher sur la plage le gravier sur lequel devait reposer ce terreau. Comme il n'y avait pas dans nos bois suffisamment d'arbres à feuilles caduques pour répondre à nos besoins en feuilles mortes, nous avons dû nous en procurer sur les fermes voisines en échange de saumons capturés dans la rivière Mitis. » En cette ère marquée par la grande dépression, il s'agissait là d'une véritable manne pour les fermiers de la région. Ainsi, les jardins d'Elsie ont permis à une classe de travailleurs minée par le chômage de travailler et de subsister – une vocation qui se poursuit aujourd'hui.

Pages 58-59 : High Bank.

Avec le temps, Elsie Reford a acquis une connaissance profonde des besoins de chaque plante. C'est d'ailleurs ce qui faisait d'elle une horticultrice de génie. Chaque jour de chaque été passé à Estevan Lodge, elle tenait religieusement le journal de ses activités horticoles. De prime abord, ce qu'elle a écrit dans ces cahiers peut sembler banal, mais ces informations se sont avérées fort précieuses dans le cadre de la restauration des jardins. À la fin de sa vie, Elsie Reford faisait autorité dans le domaine de l'horticulture ; elle a signé pour les revues de la Royal Horticultural Society et de la North American Lily Society des articles traitant de ses succès horticoles en climat nordique. Elle faisait état de son expertise avec une grande humilité, néanmoins ses visiteurs s'émerveillaient toujours de son savoir encyclopédique en la matière.

Quand elle a commencé à jardiner, Elsie Reford ne disposait pas vraiment de modèles dont elle aurait pu s'inspirer. On bâtissait des jardins au Québec depuis l'arrivée des premiers colons au XVIe siècle, mais personne jusque-là n'avait tenté d'en créer un dans la région du Bas-Saint-Laurent – encore moins un jardin de l'envergure de celui qu'Elsie se proposait d'implanter. « Sur le plan géographique, les jardins sont situés dans un climat qui s'avérera parfois inhospitalier », écrit-elle. Mais, à sa grande surprise, elle a découvert que la situation géographique de la propriété était idéale pour la culture des plantes vivaces exotiques. La proximité du Saint-Laurent et de la rivière Mitis assure en effet un niveau d'humidité optimal. De plus, les quelque 3,5 mètres de neige qui tombent sur la région en hiver jettent un manteau doux et protecteur sur le jardin. La neige arrive tôt, généralement en novembre, pour ne fondre qu'en mai, protégeant ainsi les plantes contre le gel, les rudes vents hivernaux et les températures extrêmes qui sont de l'ordre de –30 °C en janvier et en février. La région est considérée comme une zone de rusticité 4, toutefois il n'est pas rare que l'on puisse y cultiver avec succès des plantes de zone 6. Bien qu'il n'y ait en moyenne que 110 jours sans gel chaque année, cette courte période végétative a pour effet de favoriser une croissance rapide ; dès la fonte des neiges, les plantes recommencent à pousser. Au milieu de l'été, les journées plus longues et

La naissance d'un jardin

Par bonheur, les champs avoisinants regorgeaient de sable et de tourbe particulièrement riche. Nos premiers jardins furent ébauchés il y a dix-huit ans, à une époque où la main-d'œuvre n'était pas encore excessivement chère, si bien que nous n'avons eu aucun mal à faire transporter sur notre propriété tout le sable et la tourbe dont nous avions besoin. Nous avons creusé des tranchées de trois pieds de profondeur au fond desquelles nous avons déposé six pouces de fumier. Une mixture composée de trois parties de tourbe pour une partie de sable et enrichie de fumier de mouton et de farine d'os fut étendue sur la couche de fumier, puis le tout fut bien tassé. Nous remplaçâmes éventuellement une partie de la tourbe par du compost. Nous avons religieusement respecté cette formule dans l'élaboration de nos sols – sauf dans le cas des roses et des azalées, lesquelles ont des besoins spécifiques. Autre exception à cette règle : depuis quatre ou cinq ans, nous plantons nos bulbes de lis dans trois pouces de feuilles décomposées finement broyées et additionnées de cendre de bois et de farine d'os.

Elsie Reford, « A Lily Garden in the Lower St. Lawrence Valley »

Des épinettes semblent veiller sur la collection de vivaces d'Elsie.

les heures d'ensoleillement supplémentaire stimulent le cycle de croissance. Autre facteur favorable, il y a en été des variations de températures considérables – les journées sont chaudes et les nuits, plutôt fraîches. Or, la fraîcheur nocturne aide à maintenir la floraison qui, aux Jardins de Métis, dure plus longtemps que sous des latitudes plus clémentes. Ces conditions climatiques se sont avérées idéales pour des plantes telles que le pavot bleu de l'Himalaya et les alpines, lesquelles se trouvent à Grand-Métis dans un environnement proche de leur habitat naturel.

Elsie Reford a bientôt compris que ses jardins abritaient plusieurs microclimats. Les plantes plus fragiles et généralement peu résistantes au climat québécois – les azalées et les pavots bleus, par exemple – furent placées dans des endroits stratégiques, à l'abri des vents cinglants qui soufflent parfois sur la région. Elsie savait fort bien qu'il s'agissait là d'une façon de faire pour le moins audacieuse. Le 25 mai 1939, c'est avec enthousiasme qu'elle écrivait dans son journal : « J'ai tenté d'innover en plantant un arbuste de la variété *Acer palmatum atropurpureum*... Il s'agit là d'une expérience qui a, je crois, de bonnes chances de réussir. » Elle fut sans doute l'une des premières jardinières au Québec à essayer de faire pousser des érables rouges japonais. La tentative fut couronnée de succès, ainsi qu'en témoignent des photos datant des années 1950 et sur lesquelles on voit une trentaine de ces arbres poussant librement dans le jardin. Il est peu probable que, par le passé, cette variété d'arbres ait connu en Amérique du Nord un climat plus inhospitalier.

Amatrice d'art et grande collectionneuse, Elsie Reford ne prétendait cependant pas avoir hérité de quelque talent artistique que ce soit. Ne possédant pas de formation de paysagiste, elle a suivi, pour la conception de ses jardins, une approche intuitive : plutôt que d'essayer d'imposer ses desseins au paysage, elle s'est laissée guider par la topographie des lieux. Il faut dire qu'elle lisait beaucoup sur le sujet. Outre les ouvrages de référence classiques sur les plantes, sa bibliothèque contenait plusieurs livres de Gertrude Jekyll,

L'allée royale est l'un des éléments distinctifs des jardins.

paysagiste et auteur britannique de renom, ainsi qu'un exemplaire écorné par l'usage du *English Flower Garden* de William Robinson. Pionnier du jardinage à l'anglaise, ce dernier avait été le premier à prôner l'usage de plantes indigènes. Partant d'une évaluation rationnelle et respectueuse du site, Elsie a créé un jardin où il y a une intégration naturelle des plantes indigènes et exotiques.

Un seul des jardins d'Estevan Lodge est construit en ligne droite. À ce propos, Elsie Reford écrit : « Une approche un peu plus conventionnelle s'esquisse dans l'allée royale, un massif double de plus de 300 pieds de long. Au bout du sentier large de 7 pieds et bordé de part et d'autre de massifs en pente douce d'une largeur de 12 pieds chacun, les collines bleutées de la rive Nord se dessinent dans le lointain. » Avec l'allée royale, Elsie a réalisé un véritable coup d'éclat. Dans cette portion des jardins, la floraison débute à la fonte des neiges et se prolonge jusqu'aux premiers gels. L'éclosion des fleurs s'échelonne au fil des semaines : d'abord les lilas, puis les pivoines, les delphiniums, les lis et les roses. Ce cortège de couleurs et de fragrances est rehaussé d'une judicieuse sélection de vivaces et d'annuelles. Il y avait toujours ici une quantité prodigieuse de fleurs.

Chaque jardin avait ses propres particularités. Au fil du temps, Elsie a donné un nom à chacun d'eux, ce qui leur conférait une personnalité et assurait d'une certaine manière leur continuité. Par exemple, dans les années 1930, elle a nommé un jardin en l'honneur de son petit-fils, Robert, qui était venu la visiter. Il va de soi que ses autres petits-enfants réclamèrent eux aussi un jardin à leur nom. Le jardin Scree fut baptisé ainsi à la demande d'un autre de ses petits-fils – un souhait qu'Elsie, n'étant pas certaine que le jardin serait une réussite, réalisa à contrecœur. Mais le jardin Scree répondit à toutes les attentes, et même au-delà, si bien qu'Elsie se plaisait parfois à l'appeler « le miracle de Michael ». Ainsi Michael, mon père, a hérité de son propre jardin. Maryon, Boris, Sonja et Alexis, les autres petits-enfants d'Elsie, ont eux aussi eu des jardins nommés en leur honneur.

Les lis royaux (*Lilium regale*) de l'allée royale.

Elsie quittant l'allée royale.

> Je tiens à souligner que nulle part dans mes jardins les lis ne sont agencés en plates-bandes ou en quoi que ce soit s'y apparentant. Ici, le lis est toujours combiné à d'autres plantes dans les bordures herbacées, parmi des arbrisseaux de toutes sortes, au cœur de rosiers de diverses variétés, dans de singuliers jardins de rocaille, bref, sur toutes les surfaces cultivées d'Estevan – à l'exception des endroits où le drainage pose problème.
>
> Elsie Reford, « Lilies at Estevan Lodge »

La naissance d'un jardin

Les vasques accueillent parfois quelque beauté égarée.

Le ruisseau Page berce les jardins de sa douce musique.

Les marches et sentiers traversant High Bank facilitaient l'accès aux jardins.

Dans le cadre du Festival international de jardins, l'architecte Jennifer Luce a créé *Transfusion*, un jardin évoquant les deux principales passions d'Elsie Reford, soit la pêche et le jardinage.

Elsie Reford a créé ses jardins pour son plaisir personnel. En de rares occasions, elle les a ouverts au public. Elle ne chassait pas les visiteurs, mais ne recherchait pas spécialement leur présence. Il arrivait que des botanistes et des jardiniers se présentent pour visiter les lieux. Parmi eux, Henry Teuscher, conservateur du Jardin botanique de Montréal. Formé à Berlin, Teuscher avait réalisé la conception de ce jardin botanique et, de 1936 à 1938, en avait supervisé la construction. Ayant visité les jardins d'Elsie Reford à plusieurs reprises dans les années 1940, il était convaincu de leur importance. Dans les années 1960, quand le brigadier Bruce Reford, le fils d'Elsie, a exprimé certains doutes quant à sa capacité de conserver et de maintenir les jardins qu'il avait hérités de sa mère, Teuscher est intervenu, se proposant de convaincre le gouvernement du Québec de transformer ceux-ci en un centre de recherche voué à l'étude des plantes nordiques. Le centre ne fut jamais créé, toutefois les arguments de Teuscher trouvèrent écho auprès du gouvernement qui, voyant là une occasion en or de développer le tourisme dans l'Est de la province, se porta acquéreur des jardins en 1961. Dès l'année suivante, les jardins étaient ouverts au public; ils jouissent depuis ce temps d'une popularité sans cesse croissante. Le gouvernement a joué un rôle de première importance dans la préservation des jardins d'Elsie Reford. Fort heureusement, les instances responsables des jardins ont toujours adopté un rôle de conservation et n'ont pas cherché à les transformer de quelque manière que ce soit.

Les jardins appartiennent depuis 1995 à une corporation sans but lucratif, Les Amis des Jardins de Métis. Cet organisme a été créé dans le but d'assurer la préservation et le développement de ces jardins. Avec l'aide d'une équipe d'horticulteurs et de jardiniers, de son conseil d'administration et des amis des jardins, l'organisation s'est lancée dans la restauration complète du site. Faisant l'objet d'articles de magazines et de documentaires télévisés, les jardins d'Elsie Reford jouissent aujourd'hui d'une renommée mondiale. C'est ici que, depuis l'été 2000, se tient le Festival international de jardins, un événement unique en son genre réunissant des architectes paysagistes et des concepteurs

Living Room, un jardin créé par Bernard Saint-Denis et Peter Fianu pour l'édition 2000 du Festival international de jardins.

La firme québécoise d'architectes paysagistes NIP Paysage a créé un jardin illustrant la transformation du paysage par l'industrie forestière et la manipulation génétique des plantes.

Depuis sa création au Festival international de jardins de l'an 2000, le *Jardin de bâtons bleus* de Claude Cormier est devenu une référence en matière de design paysager contemporain.

Très populaire auprès des visiteurs et des oiseaux de la région, l'étang est une véritable oasis de tranquillité.

En plus de ses talents de photographe, Robert Wilson Reford était un peintre qui aimait réaliser des croquis le long de la rivière Mitis.

La caméra panoramique de marque Kodak ayant appartenu à Robert Reford.

réputés venus du monde entier. À travers leurs créations à la fois ludiques et provocatrices, ces experts visent à redéfinir notre conception du jardin. Elsie Reford n'aurait peut-être pas compris ni même approuvé les explorations avant-gardistes de ces grands innovateurs, mais ceux-ci ne font que poursuivre l'aventure qu'elle a entamée à Grand-Métis dans les années 1920.

Fouler le même sol que ses ancêtres est une expérience pour le moins émouvante. Mais quand on sait que ce sol a été façonné, transformé et cultivé par une femme de la trempe d'Elsie Reford, cette émotion s'accompagne d'une lourde responsabilité. Par bonheur, les cahiers d'Elsie nous assistent dans la préservation de son héritage. Qui plus est, son mari, avec toute l'assiduité d'un époux attentif, a su immortaliser l'évolution des jardins à travers l'œil de sa lentille. Ce double témoignage d'écrits et de photos est sans doute unique dans les annales de l'horticulture. En plus de nous permettre de comprendre l'évolution de l'œuvre d'Elsie Reford, ces précieux documents nous guident dans le développement des jardins.

La préservation d'un jardin historique constitue une entreprise des plus délicates. En ce qui nous concerne, nous nous sommes employés à retirer les accroissements qui, au fil des années, en sont venus à masquer les trésors des jardins; nous avons remplacé des meubles et des portions de la clôture; nous avons également reconstitué des collections de plantes depuis longtemps disparues. Les notes d'Elsie Reford nous ont permis de procéder avec assurance à la réinsertion de ces mêmes plantes qui l'avaient inspirée et qu'elle avait choisies pour leur parfum, leur couleur, ou simplement parce que leur culture dans le climat nordique de Grand-Métis représentait pour elle un défi.

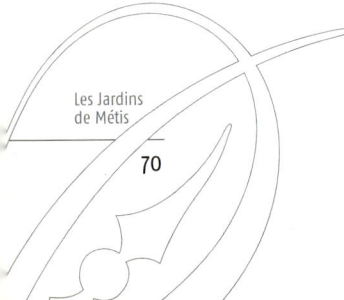

Caméra panoramique

On dit de Robert Wilson Reford qu'il a été le premier photographe amateur au Canada. Quand, en 1888, la firme Eastman Kodak lança sur le marché son premier appareil, le « Kodak n° 1 », Robert Wilson Reford fut l'un des premiers à l'acheter. Alors âgé de vingt et un ans, il revenait de France et de Belgique où son père l'avait envoyé pour apprendre le français et travailler comme apprenti pour une compagnie de fret maritime. En 1889, Robert Reford parcourait le Canada avec son Kodak n° 1, capturant en images les rues boueuses de Winnipeg, les majestueux sommets de l'Alberta et les chevalets de chemin de fer que l'on venait de construire dans les canyons de la Colombie-Britannique.

Son père, un homme strict, désapprouvait l'achat en question. Dans une lettre écrite depuis ses bureaux montréalais, Robert Reford senior réprimande vertement son fils pour avoir acheté l'appareil ; qui plus est, pour l'avoir acheté à crédit, laissant à son paternel le soin de régler la note.

Le Kodak n° 1 coûtait 25 $ à l'époque. Le prix incluait une pellicule de 100 poses. Cet appareil révolutionnaire fut le premier à introduire la méthode photographique que nous connaissons aujourd'hui : pour prendre une photo, il suffisait de viser, puis de presser le bouton du déclencheur. Cette approche a rendu la photo accessible au grand public, notamment aux voyageurs et aux touristes qui désiraient réaliser des clichés même s'ils ne possédaient pas de connaissances techniques en photographie. Une fois les 100 photos prises, il fallait expédier l'appareil aux laboratoires Kodak à Rochester, dans l'État de New York ; la compagnie de George Eastman développait les photos et les renvoyait en même temps que l'appareil chargé d'une nouvelle pellicule de 100 poses. En ce sens, le slogan de Kodak, « Vous pressez le bouton, nous faisons le reste », était tout à fait approprié.

À l'époque de Robert Wilson Reford, Victoria n'était qu'une petite ville portuaire aux rues boueuses, parsemée de minoteries et bordée de quais. Les photos les plus intéressantes que Robert réalisa sur l'Île de Vancouver avaient pour sujet les deux minorités de l'endroit, à savoir les Chinois et les Amérindiens. La compagnie de son père à Victoria, la Mount Royal Rice Milling Company, employait et faisait affaire avec beaucoup de Chinois. Armé de son appareil Kodak, Robert Reford captait ses sujets sur le vif, chose que l'équipement professionnel de l'époque, plus lourd et encombrant, n'aurait pas permise.

Robert Reford était agent maritime à bord du *Thermopylae*, le célèbre clipper de la Mount Royal Rice Mill. À ce titre, il était appelé à voyager tout le long de la côte ouest canadienne. En 1890, lors d'un périple dans le nord-ouest de l'Île de Vancouver et aux Îles de la Reine-Charlotte, il photographia les villages Haïda et leurs habitants. Ses images saisissent toute la majesté et la tristesse des villages délabrés de Masset, Port Simpson, Port Essington et Metlakatla. Contrairement aux photographes qui avaient visité ces communautés avant lui, Robert s'intéressait moins aux totems haïdas qu'au peuple lui-même. Ses photos d'Albert Edward Edenshaw, chef des Haïdas et pionnier de l'art autochtone, sont particulièrement évocatrices.

Robert Reford disposait de deux chambres noires, dont l'une à Estevan Lodge, située sous un avant-toit qui avait été construit lors des agrandissements de 1926. Robert commença à prendre des photos du domaine de son épouse dès ses premières visites à Grand-Métis. Pendant près de cinquante ans, il s'emploiera à fixer sur pellicule l'évolution de cet endroit qu'il adorait.

Elsie Reford en compagnie de son chien.

La palette d'Elsie : Buisson de roses *(Rosa rugosa)* et penstemon *(Penstemon hirsutus)*.

Pages 74-75 : Fleurs sauvages sur le site du Festival international de jardins.

CHAPITRE 3

Il est un peu plus de dix heures du soir et je suis assise devant la grande fenêtre. Rassasiée des flamboiements d'un spectaculaire coucher de soleil, je déguste les coloris délicats de la brunante. À la surface du « Lagon bleu », toutes les teintes imaginables de cette même couleur se mélangent et dansent, tandis que la Pointe-aux-Cenelles baigne dans un demi-jour empourpré de rose. Les sombres collines de la rive Nord ne semblent distantes que d'un mille ou deux. En cet instant précis, existe-t-il au monde quelque chose de plus beau ?

Elsie Reford, le 2 juin 1931

Pages 76-77 : le ruisseau
Page agrémenté de salicaire
commune en fleur
(*lythrum salicaria*).

Pages 78-79 : L'embouchure
de la rivière Mitis, 1902.

À Estevan Lodge,
les couchers de soleil sont
souvent spectaculaires.

Une journée au paradis

La vie d'Elsie Reford était composée d'une série de rituels. L'ordre et l'organisation étaient les principes qui gouvernaient ses décisions et ses actions. Bien qu'elle observât en ville et à la campagne des rites différents, son quotidien à Grand-Métis reflétait dans l'ensemble celui de Montréal.

À Estevan Lodge, l'emploi du temps s'organisait autour d'Elsie Reford. Non seulement était-elle la principale occupante du domaine, elle en était aussi, et ce bien davantage que son mari, la propriétaire et le point central. Chaque journée se déclinait de manière identique. Au matin, sa femme de chambre se présentait dans ses appartements pour lui servir le thé et ouvrir les rideaux. Accoutumée à se lever relativement tard, la maîtresse des lieux ne descendait qu'après 9 h 30, après le service du petit-déjeuner à la famille et aux invités. Suivant les salutations d'usage à son majordome, Monsieur Bufton, elle rendait visite au cuisinier pour décider du menu de la journée. Elle revêtait ensuite son tablier de jardinière, ramassait ses paniers, ses outils, et sortait par la porte principale pour inspecter ses jardins. Bientôt, elle s'entretiendrait avec le jardinier en chef, Wyndham Coffin, discutant du travail à accomplir ou qui avait déjà été accompli ce jour-là. Elsie elle-même travaillait sans relâche aux jardins. Sécateur à la main, son déplantoir paré à remplir son office, elle avait tout de la jardinière affairée. S'il y avait quelque projet d'envergure en cours, elle se mêlait aux ouvriers, supervisant les travaux lourds et participant à la plantation ou à la division des plantes. À 13 h 15 précises, Bufton sortait pour sonner la cloche du dîner. Un repas léger était alors servi dans la salle à manger. Elsie retournait ensuite à ses jardins et travaillait jusqu'à l'heure du thé, servi

Elsie et ses jardiniers à l'œuvre dans l'allée royale.

Joli bouquet printanier.

à 16 heures. Le rituel se déroulait généralement sur la véranda : elle prenait parfois le thé en solitaire, mais plus souvent qu'autrement elle était accompagnée de quelques invités. Après cette pause, elle réintégrait ses appartements à l'étage pour ne reparaître que plus tard dans la soirée, en robe du soir, au bras de son mari. À Estevan Lodge, on soupait toujours tard du fait que les invités qui pêchaient ne revenaient habituellement qu'au crépuscule. Le souper était un véritable cérémonial, la tenue de soirée étant de rigueur pour les hommes comme pour les femmes – sauf les dimanches, où les hommes pouvaient se présenter à table dans une tenue plus décontractée. Ceux qui ne respectaient pas les convenances étaient sévèrement réprimandés. Le beau-frère d'Elsie, le docteur Lewis Reford, l'apprit à ses dépens en ce soir fatidique où il arriva en retard au souper. Reconnu pour sa joie de vivre, le chirurgien avait mené une longue et opiniâtre lutte contre un saumon particulièrement coriace et s'était donc attardé sur la rivière. Elsie, refusant catégoriquement que le retardataire se joigne aux autres convives, le renvoya de table. Les règles de la maison devaient être respectées par tous et en toutes circonstances.

De nombreux domestiques assuraient le service à Estevan Lodge. Le personnel était bien sûr plus restreint qu'au manoir de la rue Drummond, mais il ne s'agissait pas moins d'un contingent appréciable. À partir des années 1920, le personnel de maison fut dirigé par Ernest Bufton. Né et formé en Angleterre, Bufton (on avait l'habitude d'appeler les majordomes par leur nom de famille en signe de leur supériorité dans la hiérarchie domestique) avait combattu au cours de la Première Guerre mondiale avant que les Reford ne l'embauchent. Il était arrivé au Canada en 1921. À cette époque, tout majordome travaillant dans une famille édouardienne assumait une foule de responsabilités. Il avait la charge de l'ensemble du personnel de maison et c'était à lui qu'incombaient les tâches les plus importantes – décider des horaires, attribuer les congés et les quarts de travail, payer les employés, etc. Chaque semaine, il allait chercher de beaux billets craquants à la banque, mais c'est sa patronne qui se chargeait d'inscrire le nom de chaque employé sur

Elsie à Estevan Lodge en 1906, lors de la visite du gouverneur général Lord Grey.

Bruce Reford, le fils aîné d'Elsie, se détendant dans l'automobile familiale.

l'enveloppe de paie. Bufton veillait aussi à ce que ses troupes observent l'étiquette et le décorum préconisés par ses employeurs. Il s'occupait des fournisseurs, coordonnait les livraisons, triait le courrier et polissait l'argenterie. Authentique amoureux de la nature, il créait pour les grandes occasions des milieux de table composés de fleurs, de plantes et de mousse qu'il recueillait et assemblait avec une minutie extrême.

Les Reford employaient à Estevan Lodge le même valet de pied qu'à Montréal : Norman Hanson. Celui-ci avait pour rôle de seconder Bufton dans ses tâches, particulièrement au service des repas. Le personnel de cuisine était composé d'un cuisinier et d'une fille de cuisine qui était là pour l'assister et nettoyer. Le personnel à l'étage incluait une femme de chambre dont la principale responsabilité était de disposer et de plier les vêtements de sa patronne et de veiller à ce que sa chambre soit toujours gaie, attrayante et bien rangée. Une blanchisseuse lavait et pressait quotidiennement les draps, les nappes et les serviettes de bain. La femme de chambre d'Elsie faisait également office de couturière puisqu'elle était chargée de repriser les vêtements et de broder le blason de Métis sur le linge de maison.

Elsie Reford et son mari disposaient d'un chauffeur à Métis et d'un autre à Montréal. Dans les années 1900, quantité de Montréalais fortunés ne savaient pas conduire et devaient s'assurer des services d'un chauffeur, en ville comme à la campagne. Le chauffeur de Métis veillait à l'entretien de la voiture de ses patrons, une Buick McLaughlin, qu'il fourbissait avec zèle et fierté. Construite dans les années 1920, cette automobile comptait trois banquettes ayant chacune son propre pare-brise. La silhouette de l'impressionnant véhicule, ses lignes pures ne manquaient pas d'attirer les regards quand il sillonnait la campagne, conduisant Elsie et ses invités par-delà le village de Saint-Octave-de-Métis, vers ces collines aux pieds desquelles s'étalait un si magnifique paysage.

Wyndham Coffin était un autre membre important du personnel d'Estevan Lodge. Originaire de Gaspé, il travailla à Grand-Métis pendant de nombreuses années – son père

Une journée au paradis

En pleine fenaison.

La route menant à Estevan Lodge.

avait été guide sur la rivière à l'époque de Lord Mount Stephen. Dès qu'Elsie s'estima suffisamment confiante en ses capacités, elle fit de Coffin son jardinier en chef. Celui-ci occupait avec sa famille le cottage du gardien, lequel avait été bâti en même temps que la maison. Après le départ d'Elsie, Coffin est demeuré à l'emploi de son fils, Bruce Reford. En 1961, Coffin a apporté une aide inestimable au nouveau propriétaire des lieux, le gouvernement du Québec, en aidant à la préparation des jardins pour leur ouverture publique qui eut lieu en juin 1962. L'une de ses premières requêtes de l'époque fut l'achat d'un tracteur de jardin – son ancienne patronne n'avait jamais toléré la présence de ces engins bruyants sur son domaine.

Les domestiques travaillaient six jours par semaine. Bufton, le majordome, travaillait douze heures par jour et prenait un vendredi après-midi et un dimanche sur deux de congé. Deux ou trois fois par été, Elsie Reford organisait un pique-nique pour ses employés. Les guides de pêche, eux, travaillaient tous les jours sans exception. Outre leur travail de guide, ils devaient réparer les canots et le matériel de pêche et patrouiller la rivière pour chasser les braconniers.

Au début de l'été, les domestiques étaient dépêchés sur les lieux deux semaines à l'avance afin de préparer la maison pour l'arrivée de leurs patrons. Les servantes descendaient de train à la gare Sainte-Flavie de Mont-Joli où Wyndham Coffin les attendait pour les conduire à Estevan Lodge en boghei. Tandis que Coffin veillait à ce que le garde-manger de la maison soit bien garni, Bufton, lui, supervisait l'ensemble des préparatifs. Il fallait retirer les housses qui protégeaient les meubles, laver les murs, les planchers, chauffer la maison et, de façon générale, préparer chaque pièce en vue de l'arrivée des Reford. Pendant les premières années, les écuries étaient désinfectées afin d'accueillir Rocket, le cheval d'Elsie, une splendide bête que l'on expédiait à Métis pour l'été. Les gens de la région avaient coutume d'apercevoir la silhouette d'Elsie gracieusement perchée sur Rocket et galopant vers la plage ou sur quelque chemin de campagne.

Vue aérienne d'Estevan Lodge après les agrandissements de 1926.

Une fois la maison prête, Elsie prenait le train à Montréal. Durant ses premières années à Métis, elle arrivait en juin ; par la suite, une fois le jardin en chantier, elle arriva de plus en plus tôt, impatiente d'assister à l'éclosion des toutes premières fleurs à travers la neige. Son mari prenait lui aussi le train pour ses visites au camp en juin et en juillet. En août, dès les premières canicules, il s'accordait plusieurs semaines dans l'air pur et frais du Bas-Saint-Laurent. Après s'être retiré des affaires dans les années 1940 – Robert Wilson Reford était à la tête d'une importante compagnie de fret –, il passa tous ses étés à Métis avec sa femme et leurs invités.

En 1926, Elsie Reford demande à l'architecte montréalais Galt Durnford de concevoir une rallonge pour Estevan Lodge. Durnford avait étudié l'architecture à l'université McGill et était le petit-fils du colonel Elias Walker Durnford, l'ingénieur royal qui avait dirigé la conception et la construction de la Citadelle de Québec entre 1820 et 1831. Associé principal de la firme montréalaise Featherstonhaugh and Durnford, Galt Durnford sera reconnu pour les imposantes maisons de pierre qu'il fera construire à Westmount pour une clientèle huppée. Dans le cas d'Estevan Lodge, qui fut l'un de ses premiers projets, son mandat sera de créer de nouvelles pièces au deuxième étage. Le rajout qu'il a imaginé pouvait s'insérer dans la structure existante.

Bien que de bonne taille, le bâtiment original n'était pas suffisamment vaste pour recevoir un grand nombre d'invités. Si Elsie a voulu agrandir en 1926, c'est aussi qu'elle espérait des quartiers plus spacieux et plus privés pour elle et son mari. Après l'agrandissement, famille et invités seraient hébergés au rez-de-chaussée tandis que les Reford auraient l'étage supérieur pour eux seuls. Elsie souhaitait que tout son entourage puisse vivre à l'aise à Estevan Lodge. Maintenant que ses deux fils étaient mariés, elle devait disposer de suffisamment d'espace pour accueillir femmes et enfants ; mais d'un autre côté, elle voulait jouir à Estevan Lodge de la même intimité qu'à Montréal où ses appartements et ceux de ses invités se trouvaient sur des étages différents. Les nouvelles pièces auraient à satisfaire tous ces besoins.

La maison d'Elsie Reford à Montréal

La porte principale et la balustrade du manoir de la rue Drummond furent récupérées par le Musée McCord de Montréal.

On réalisa une série de photos du manoir de la rue Drummond avant que son contenu ne soit vendu et dispersé.

Les armoiries de la famille Reford : un griffon accompagné de la devise « Vrai et fort », jeu de mots basé sur la prononciation de Reford.

Le foyer de la salle à manger sur la rue Drummond.

La démolition de la résidence de la rue Drummond en 1968 figure parmi les nombreuses pertes qu'a dû encaisser le patrimoine architectural montréalais au cours des années 1960 et 1970. À cette époque, bon nombre de maisons historiques faisant partie du fameux « Square Mile » montréalais furent détruites. Le sort réservé à la magnifique demeure des Reford est d'autant plus odieux qu'elle fut remplacée par un terrain de stationnement.

La propriété d'Elsie et de Robert Wilson Reford était perchée tout en haut de la rue Drummond. Ce segment de rue situé au pied du Mont-Royal a récemment été rebaptisé « Promenade Sir William Osler », en l'honneur du célèbre médecin et pédagogue. À sa construction en 1900, la maison d'Elsie se trouvait dans un secteur particulièrement paisible du Square Mile. En 1954, les autorités municipales ont jugé bon de prolonger la rue McGregor (connue aujourd'hui sous le nom d'avenue Docteur-Penfield), transformant le quartier exclusif de jadis en un boulevard chaotique.

Les parents de Robert habitaient eux aussi sur la rue Drummond, dans l'ancien manoir Torrance. Le docteur Lewis Reford et sa femme Jean vivaient de l'autre côté de la rue dans une maison qui fut éventuellement démolie pour faire place à la rue McGregor. Les parents d'Elsie occupaient le manoir qu'ils avaient acheté de George Stephen, lequel était situé au 200 Drummond, entre le boulevard De Maisonneuve et la rue Sainte-Catherine. Ils vendirent la bâtisse au Mount Stephen Club en 1926.

La construction de la résidence de la rue Drummond fut pour Elsie et son mari un projet captivant. Robert Findlay, un architecte écossais œuvrant à Montréal depuis 1885, en assura la conception. Il imagina pour les Reford un édifice de trois étages en briques et en pierres de

Une journée au paradis

87

Ces trois photos datant des années 1950 donnent une idée de l'opulence de la résidence de la rue Drummond. De gauche à droite : la galerie, la façade et le hall d'entrée.

taille rouges. Les pièces immenses qui donnaient sur le côté sud de la maison offraient une vue imprenable sur la ville. En tout et partout, la maison comptait 35 pièces.

Les Reford étaient de toute évidence des clients difficiles. Findlay, leur architecte, les disait exigeants et pointilleux. Des documents de l'époque nous indiquent qu'Elsie et Robert Reford ont choisi les éléments décoratifs de leur maison avec soin et discernement. La soie des tentures fut commandée de Paris, les bras de lumière, de New York, et la quincaillerie d'ameublement, du Royaume-Uni.

Il reste aujourd'hui peu de chose de cet environnement grandiose. La maison fut dissoute à la mort d'Elsie en 1967. Les meubles furent donnés ou vendus. Les livres de la bibliothèque ont abouti entre les mains de parents ou de marchands. La collection d'objets folkloriques et patrimoniaux canadiens de Robert Reford fut liquidée par Sotheby's en mai 1968 – leur premier encan au Canada. La vente aux enchères s'est étalée sur 3 jours et a attiré 15 000 visiteurs. Les pièces de monnaie de la collection furent vendues aux enchères à Londres et les médailles, à New York. Tout ce qui ne put être vendu fut donné aux Archives nationales du Canada.

Les lambris de la fastueuse demeure furent vendus par les démolisseurs et ornent aujourd'hui les murs d'un chalet dans les Laurentides. Des photos d'intérieur prises à la demande d'Elsie par un photographe professionnel dans les années 1950 sont seules à témoigner de l'opulence de ce bâtiment disparu. Plusieurs éléments furent tout de même récupérés, dont la porte principale et le foyer, lesquels ont été donnés au Musée McCord de Montréal.

Le foyer se trouvait dans la salle à manger. Le superbe manteau, en bois d'acajou sculpté à la main, présente un motif de feuilles et de grappes entremêlées. L'ensemble est de style Art Nouveau, avec une touche de sobriété répondant aux goûts plus traditionnels des Reford.

Une journée au paradis

Elsie et Eric jouant avec les chiens de la famille.

Elsie et Bruce.

Elsie Reford en compagnie de ses deux fils. Eric dirigera l'entreprise familiale tandis que son frère aîné, Bruce, sera soldat. Pour l'essentiel de sa carrière militaire, il sera l'homme le plus grand de toute l'armée britannique.

Elsie fit construire des chambres avec salle de bain attenante pour elle et son mari. Une chambre noire et une salle de couture allaient leur permettre de pratiquer à loisir leur passe-temps respectif. Pour parer à la fraîcheur des nuits d'automne et de printemps, la maîtresse de céans fit installer le chauffage central dans ses appartements. On construisit quatre nouvelles cheminées dont l'une desservait le foyer de la chambre d'Elsie ainsi que celui de son boudoir. Les Reford prodiguèrent des instructions spécifiques concernant la finition des nouvelles pièces qui donneraient sur le côté nord de la maison : les murs de ces pièces devaient être recouverts de panneaux d'eucalyptus résineux, une essence que le mari d'Elsie avait importée d'Australie. Le reste serait en Douglas vert, la même essence que les panneaux d'origine. La maison hériterait par ailleurs d'un nouveau toit en bardeaux de cèdre dont la couleur originale – rouge sang – serait conservée. Les plans furent complétés en 1926 et les travaux, en 1927. Le coût des transformations s'éleva à 30 003 $.

À Grand-Métis, les visiteurs étaient toujours très bien reçus. Cela dit, un traitement préférentiel était réservé aux deux fils d'Elsie qui, en juin, quittaient leur pensionnat d'Angleterre pour rejoindre leur mère à Grand-Métis. Une fois le transatlantique de la Cunard Line ou du Canadien Pacifique arrivé au large de Pointe-au-Père, Bruce et Eric étaient transbordés sur un bateau-pilote qui les amenait directement à Estevan Lodge. S'étant beaucoup ennuyée d'eux, Elsie les gratifiait d'une attention toute maternelle. Les activités, excursions et expéditions qu'elle planifiait étaient toujours conduites avec une précision militaire. Les deux garçons passaient l'été à pêcher ou à faire de l'équitation avec leur mère et aimaient s'exercer au tir dans la baie, en contrebas des jardins. La mère et ses fils avaient aussi l'habitude de faire du camping sauvage dans les bois qui longent la rivière Mitis. Lors d'une expédition mémorable qui dura deux semaines, ils traversèrent tous les trois la péninsule gaspésienne à cheval. Le 14 août de chaque année, date de l'anniversaire de leur père, Bruce et Eric organisaient un barbecue à Pointe-aux-Cenelles. À cette occasion, le patriarche, délaissant volontiers la cuisine sophistiquée d'Estevan Lodge, se plaisait à faire cuire des pommes de terre sur la plage, dans les cendres d'un bon feu de camp.

Une journée au paradis

Bruce et Eric jouant aux échecs sur la véranda.

Robert William Reford.

Au fil des années, les visites des fils d'Elsie se sont espacées, si bien que chacune d'elles a revêtu de plus en plus d'importance. Eric Reford s'était acheté une maison d'été au bord du lac Memphrémagog dans les Cantons-de-l'Est ; Bruce, son frère, était parti vivre en Angleterre. Quand ils venaient à Métis avec leur épouse et, par la suite, avec leurs enfants, Elsie remuait ciel et terre pour les accueillir. Dans l'autobiographie intitulée *Metis Memories*, mon oncle, Robert Reford, relate son arrivée à Estevan Lodge au début des vacances d'été, alors qu'il était enfant, dans les années 1930 :

> Nous quittions la route pour traverser les grilles blanches qui s'ouvraient sur une allée dont la courbe légère, bordée d'épinettes, menait à la maison. Devant Estevan Lodge, des cèdres montaient la garde en un grand bosquet circulaire. Arrivé à maturité, ce massif, baptisé « la Boule », en est venu à dissimuler complètement la bâtisse.
> Ma grand-mère nous attendait sur le pas de la porte, impatiente de nous accueillir. Elle était toujours vêtue de façon impeccable, dans un style seyant tout à fait à une grande dame séjournant dans son domaine. Ses manières raffinées et un peu cérémonieuses laissaient entendre qu'elle était seule maîtresse de l'endroit. J'étais l'aîné de son fils aîné, aussi ne tarissait-elle pas d'affection à mon égard. S'affairant autour de nous, les domestiques déchargeaient la voiture et portaient nos bagages aux chambres.

Aussitôt installés, les fils d'Elsie descendaient à la rivière. Deux, trois, parfois même quatre cannes à pêche cisaillaient à tout moment l'eau limpide de la Mitis. Le rituel de la pêche obéissait lui aussi à un ordre bien précis. Chaque jour, un petit-déjeuner léger était servi dans la salle à manger à l'intention de ceux qui partaient pêcher de bon matin. Les pêcheurs étaient conduits en boghei – ou, au fil du progrès, en voiture – sur la route du village de Price jusqu'aux chutes du moulin (Mill Falls). Ils descendaient ensuite le chemin à pied jusqu'à la rivière, chargés de leur attirail de pêche. Une fois

De gauche à droite, Katherina, Eric, Boris, Elsie, et Sonja.

Elsie Reford en compagnie de Robert, son petit-fils.

sur les lieux, ils montaient à bord de canots comptant deux guides chacun – un à l'avant, un à l'arrière. Ces canots dits « de Gaspé » arboraient un fond plat et un plat-bord particulièrement large. Les guides manœuvraient les canots à la perche et s'arrêtaient aux points de la rivière, appelés « fosses », où se cachaient les saumons. Les guides négociaient seuls les rapides, faisant descendre les pêcheurs sur la berge pour les rembarquer un peu plus loin, en aval. Sur la rivière Mitis, la pêche se faisait généralement en canot ; ce n'est qu'en de rares endroits, à la fosse du rocher (Rock Pool) par exemple, que l'on pouvait pêcher à partir de la berge. La matinée était organisée de manière que les pêcheurs atteignent à temps pour le dîner le mouillage situé en aval d'Estevan Lodge. Les succès des uns, la déconfiture des autres, donnaient lieu à de savoureuses histoires de pêche. Le rituel se répétait en fin d'après-midi, moment de la journée où le saumon interrompt sa sieste quotidienne pour happer la mouche que le pêcheur fait danser à la surface de l'eau. Aussitôt capturés, les saumons étaient entourés de glace provenant d'Estevan Lodge. Bon nombre de ces poissons feraient ensuite partie du menu du soir ; d'autres encore seraient offerts aux habitants du village ou expédiés à des amis par train, dans des boîtes en bois remplies de glace. Il y avait à l'extérieur de la maison des balances sur lesquelles les pêcheurs pesaient leurs prises. Le poids de chaque poisson, la fosse où il avait été capturé, la mouche qui avait été utilisée et les détails entourant la prise étaient autant de renseignements que l'on consignait dans un registre réservé à cet effet. Elsie et de Robert Wilson Reford ont consigné dans leurs registres de pêche chaque poisson ayant été pris dans la rivière Mitis de 1908 à 1942. En 1912, Elsie réalisait un record personnel en capturant un saumon de 19,5 kilos. Le 12 juillet 1942, les Reford pêchaient leurs derniers saumons dans la Mitis : Robert Wilson a effectué une prise de 11 kilos ; son petit-fils, Boris, a capturé un saumon de 10 kilos. Ces prises furent dûment notées dans le registre de pêche.

Mais Elsie Reford ne recevait pas que des membres de sa famille à Estevan Lodge. Perpétuant une tradition instaurée par son oncle, elle se faisait une joie d'accueillir chez

Le dépôt de glace et le château d'eau, vers 1920.

Eric Reford exhibant l'un de ses trophées de pêche.

On empaquetait parfois les saumons dans des caisses remplies de glace pour les expédier par train à des amis ou à des membres de la famille.

La rivière Mitis.

Fresh Fish: Forward at Once
ONE SALMON

From **THE GRAND METIS RIVER**   Weight   lbs.

Compliments of Mrs. R. W. REFORD

Les Jardins de Métis

Les jardins au printemps.

Elsie et une amie dans le jardin de fleurs coupées.

Robert et Elsie sur l'allée royale avec leur chien, Peter.

elle le gouverneur général et son entourage. En 1906, elle conviait Lord Grey et son épouse, Lady Sybil, à passer quelques jours à Estevan pour pêcher sur la Mitis. Cette visite marqua le début d'une profonde amitié entre elle et Lord Grey, amitié qui fut interrompue à la mort de celui-ci en 1917. Outre Grey, plusieurs autres gouverneurs généraux ont visité le domaine de Grand-Métis, les uns pour pêcher, les autres pour simplement savourer les plaisirs de la nature et la beauté de la région ; parmi eux, Lord Bessborough, Lord Tweedsmuir et le comte d'Athlone – accompagné de son épouse, la princesse Alice. Ces invités de marque se risquaient même parfois à mettre la main à la pâte. Ce fut le cas de la princesse Alice qui passa l'essentiel de sa visite à travailler dans le jardin aux côtés d'Elsie.

Ces prestigieuses visites nécessitaient l'application d'un protocole qui outrepassait les critères pourtant déjà fort stricts d'Elsie. Tout devait être soigneusement planifié et orchestré. On échangeait avec Ottawa quantité de lettres et de télégrammes dans lesquels on discutait des plus infimes détails. Il fallait nettoyer la maison de fond en comble, polir l'argenterie et réduire le personnel pour faire place au contingent du gouverneur général. Les Reford eux-mêmes devaient se plier à des rituels on ne peut plus précis. Voici ce que mon oncle écrivait à propos d'une visite du comte de Bessborough en 1935 :

> Sa présence exigeait que l'on suive un protocole des plus élaborés. On m'a donné pour instructions de le saluer en inclinant la tête, de ne lui parler que lorsqu'il s'adresserait à moi et de toujours l'appeler « Votre Excellence ». Étant le petit-fils aîné, on m'a accordé un privilège exceptionnel en m'invitant à dîner avec nos hôtes. Le repas était régi lui aussi par une foule de règles protocolaires : il ne fallait pas commencer à manger avant lui ; même si nous n'avions pas fini notre assiette, il fallait arrêter de manger en même temps que lui ; il fallait se lever quand on portait un toast à Son Excellence ; etc. Toutes ces formalités paraissaient bien ennuyeuses au garçon de quatorze ans que j'étais, néanmoins j'acceptais la

Elsie faisant visiter ses jardins.

Elsie adorait explorer la campagne. Elle s'arrêtait parfois pour admirer les collines situées par-delà le village de Saint-Octave-de-Métis.

nécessité d'un certain décorum en présence du représentant du roi d'Angleterre au Canada.

Elsie n'envisageait pas toujours l'arrivée de nouveaux invités avec enthousiasme. Il faut dire que ces incursions occasionnaient parfois leur part de désagréments. Au sujet de la visite, en 1911, des Tessier, une éminente famille de Rimouski ainsi que de Sir Alexandre Lacoste, juge en chef du Québec et de son épouse, Elsie écrivait ceci : « Il est terrible de songer que nous serons envahis par tous ces véhicules motorisés. » Elle termine tout de même en ajoutant qu'elle avait « beaucoup apprécié leur visite ». On demandait aux visiteurs de conduire lentement dans l'allée pour éviter que les plantes du jardin ne soient couvertes de poussière. L'entrée de service était d'ailleurs ratissée chaque dimanche, ce qui empêchait la poussière de se soulever.

Les activités de jardinage aussi obéissaient à un rituel quotidien. Il était très rare qu'Elsie néglige de noter les détails de son travail au jardin. Se qualifiant elle-même d'amateur en la matière, elle n'en avait pas moins compris que la pratique de l'horticulture nécessite dans une certaine mesure de la rigueur et de la méthodologie. « Le jardinier amateur qui omet de noter avec précision et de façon continue les résultats de son travail aura peu de chances de transmettre à d'autres les données relatives aux conditions et aux éléments qui ont contribué à son succès. » Le rituel quotidien d'Elsie est exposé dans les milliers de pages de ce journal qu'elle a assidûment tenu pendant plus de trente années. Il y a soixante ans, le mari d'Elsie faisait à sa cousine Christina Drummond la remarque suivante : « Le jardin de ma femme est plus beau que jamais. Elle y travaille du matin au soir et, après le dîner, elle s'occupe de sa correspondance et de son journal jusqu'à minuit. »

Elsie ne manquait à la rédaction de son journal que lorsque les événements l'y forçaient. Ces oublis ont toutefois leur utilité puisqu'ils nous font découvrir que, sous ses

Les premières neiges.

Fleurs de pommetier (*Malus* cv).

Nos visiteurs sont libres de se reposer sur les bancs de teck que nous ont offert des amis des jardins.

Les quelque 90 pommetiers de nos jardins fleurissent brièvement, quoique de façon spectaculaire, en juin.

dehors austères, Elsie Reford était une femme d'une grande sensibilité. Durant la guerre, trop inquiète du sort de son fils et de son petit-fils, elle était incapable d'écrire. Le 1er septembre 1939, jour où les troupes allemandes ont concrétisé la menace d'une guerre en Europe en envahissant la Pologne, son journal se termine ainsi : « Les réservistes ont été appelés sous le drapeau et tous les hommes entre 18 et 41 ans devront s'enrôler. La situation est affligeante, mais je suis sûre que tous répondront à l'appel du devoir. Le travail au jardin ne me procure plus aucune joie, néanmoins je dois persister. » Bruce, son fils aîné, faisait partie du corps expéditionnaire britannique qui, en mai 1940, fut immobilisé en France par l'avancée de l'armée allemande. À cette occasion, elle écrivit : « Tous rapportent que les forces britanniques commandées par Lord Gort se trouvent dans une position des plus périlleuses et qu'elles tentent désespérément de se replier vers Dunkerque ou de rallier le gros de l'armée française… C'est le souffle court que nous attendons les nouvelles que chaque heure de la journée peut nous apporter. Pendant ce temps, la nature, dans son insouciance, continue d'œuvrer à un monde de beauté – mes jardins se portent à merveille. » Bruce Reford fut l'un des rescapés de l'évacuation de Dunkerque. Un télégramme confirmant que son fils était arrivé sain et sauf en Angleterre mit fin aux angoisses d'Elsie.

D'autres événements vinrent troubler la paix d'Estevan Lodge pendant la guerre. En 1941, le Plan d'entraînement aérien du Commonwealth britannique amorçait la construction, à Mont-Joli, de terrains d'aviation destinés à L'école de bombardement et de tir nº 9. L'aménagement de ces terrains qui forment aujourd'hui l'aéroport de Mont-Joli causa beaucoup d'agitation dans la région à l'époque. Qui plus est, l'Aviation royale canadienne loua la Pointe-aux-Cenelles pour y mener ses exercices de tir. Jusqu'à la fin de la guerre, le ciel au-dessus d'Estevan Lodge demeurera grouillant d'avions. Autre inconvénient, le rationnement de l'essence a forcé les Reford à vendre Cariboo, leur camp de chasse situé à 64 kilomètres au sud-ouest de Grand-Métis. Il y avait quarante ans que la famille s'y rendait automne comme hiver pour explorer les trésors naturels de la région et s'imprégner de

Elsie, la chasseresse

Bruce, Elsie et Eric au camp Cariboo.

À l'affût, statuette de bronze représentant Elsie Reford, par Louis-Philippe Hébert.

Statue monumentale de Madeleine de Verchères (Verchères, Québec).

Elsie faisant du ski à Cariboo.

Le camp de chasse Cariboo.

Bien que la pêche ait été le sport préféré d'Elsie Reford, elle ne dédaignait pas faire un brin de chasse à l'occasion. De fait, la première propriété du couple Reford dans le Bas-Saint-Laurent était un camp de chasse qu'ils ont baptisé « Cariboo » parce qu'il se trouvait à proximité du lac du même nom. Au début des années 1900, automne comme hiver, Elsie et son mari se rendaient à ce camp situé au sud de Rimouski pour chasser.

Robert Reford prétendait que sa femme n'était pas passionnée de chasse, néanmoins nous savons qu'elle a tué au moins un caribou. En 1906, Robert a transformé l'un des sabots de la bête abattue par son épouse en un encrier commémoratif. Un bronze intitulé *À l'affût*, réalisé en 1909 par Louis-Philippe Hébert, représente Elsie Reford en chasseresse, carabine à la main et coiffée de ce même chapeau mou qu'elle avait l'habitude de porter à Cariboo.

Elsie n'a jamais beaucoup aimé cette statuette. Elle en parlait comme de la « chose qu'Hébert a faite de moi ». Elle se plaisait à dire : « tous mes amis disent que le visage est très mal réussi » et ajoutait que son mari avait fourni à l'artiste une photo d'elle sous le jour qu'il lui préférait, c'est-à-dire de dos ! La statuette d'Elsie ressemble à bien des points de vue à la célèbre *Madeleine de Verchères* qu'Hébert réalisa par la suite – le sculpteur fit une première version réduite de sa *Madeleine* en 1905.

Quelques années plus tard, Elsie travailla à l'érection d'un monument à la mémoire de Madeleine de Verchères. Un article paru dans *La Presse* en 1910 décrivait en ces termes le projet d'Elsie : « Il y a un an, une Anglaise de Montréal, Mme Robert Reford, faisait

Je ne puis exprimer la beauté des jours passés dans les bois. Cette nature emmitouflée dans sa blanche couverture, savourant un repos que rien, pas même le plus éphémère chant d'oiseau, ne vient troubler, cette nature-là est bien différente de celle, grouillante de vie et de vert vêtue qui agrémente nos étés. Quelle enivrante liberté nous habite lorsque nous traversons les lacs et les montagnes en raquettes, chacun de nos pas inaudibles dans la neige moelleuse. Nous avons quitté le camp à 6 h du soir. La nouvelle lune se levait à peine. Le trajet du retour a duré trois heures et, sur la route, nous n'avons pas rencontré âme qui vive.

Elsie Reford à Lord Grey, le 12 janvier 1911

l'acquisition d'une statuette de Marie-Madeleine de Verchères, due au ciseau du plus distingué de nos sculpteurs, M. Philippe Hébert. Cette dame se demandait alors, devant l'acte d'héroïsme que faisait revivre le vigoureux talent de l'artiste, comment il se pouvait qu'une pareille femme restât sans un monument, sans la moindre inscription même, pour commémorer un fait d'armes que les autres pays envient à notre histoire et aussitôt l'idée lui venait à elle, Anglaise, d'organiser une souscription pour faire cesser la trop longue ingratitude et le trop long oubli dont a été récompensée jusqu'ici la pure héroïne. » Pour réaliser ses desseins, Elsie a sollicité l'aide de Lord Grey. Celui-ci réussira à convaincre le premier ministre du Canada, Sir Robert Borden, du bien-fondé de l'entreprise. En 1913, le monument était érigé à Verchères, aux abords du fleuve Saint-Laurent. Haute de 6,70 mètres et pesant 4,5 tonnes, la statue de Madeleine de Verchères demeure à ce jour le bronze le plus volumineux au pays.

Partant de la falaise qui surplombe le Saint-Laurent, le terrain descend de façon irrégulière, tantôt abruptement et tantôt en pente douce, avant d'atteindre le ruisseau qui serpente et chante joyeusement jusqu'à la mer. Cette topographie naturelle étalée sur différents niveaux permet un drainage efficace des jardins. Nous avons fait bon usage de ces dénivellations dans la culture de nos lis, en veillant toujours à préserver le degré d'inclinaison naturelle des pentes.

Elsie Reford, « A Lily Garden in the Lower St. Lawrence Valley »

L'allée des azalées.

sa beauté simple et rustique. Sans carburant, l'expédition qui à travers bois et champs les menait jusqu'au camp devint impossible. Après la vente de Cariboo, les Reford ne purent plus profiter de la région que durant les mois d'été.

Les dépenses encourues pour entretenir Estevan Lodge étaient considérables. Le livret de banque d'Elsie Reford indique qu'en 1923, époque où elle ne s'était pas encore lancée dans la réalisation de son jardin, elle débrousa 9 587 $ pour payer ses employés, entretenir sa voiture et assurer les frais généraux de la propriété. Une fois la construction des jardins commencée, les coûts relatifs au personnel et à la propriété ont augmenté considérablement. En effet, Elsie avait besoin d'un gardien et jardinier en chef et a engagé Coffin à cet effet. Elle embaucha également trois ou quatre autres hommes pour travailler aux jardins, dont un dénommé James Pearce, qui avait été formé au Jardin botanique royal d'Édimbourg, à qui l'on confia la responsabilité du potager. Deux hommes de Gaspé, Douglas Berchervaise et Lewis Eden, étaient guides sur la rivière et, durant la haute saison, trois ou quatre guides et gardiens s'ajoutaient. De plus, en tant que propriétaires terriens, les Reford avaient besoin de métayers et d'ouvriers agricoles pour labourer leurs champs, faire les foins et nourrir les vaches laitières, les poules, les moutons et le bétail.

La vie a énormément changé à Grand-Métis après 1942, année où Elsie Reford a dû vendre le cours inférieur de la rivière Mitis à la Compagnie du Pouvoir du Bas-Saint-Laurent. Vingt ans auparavant, elle avait vendu les chutes à cette compagnie qui appartenait à Jules Brillant, l'un des hommes d'affaires les plus importants de la région. Dans les années 1920, le petit barrage de la rivière Mitis produisait assez d'électricité pour alimenter l'ensemble de la péninsule gaspésienne, mais les choses se présentaient différemment en 1942 : avec la guerre, les besoins hydroélectriques de la région se sont considérablement accrus. Face à l'insistance de Brillant et aux menaces d'expropriation, Elsie s'est vue contrainte de vendre le reste de la rivière. Elle y a consenti avec réticence, sachant qu'un deuxième barrage inonderait les fosses et que, par conséquent, les saumons ne viendraient plus frayer dans la rivière. C'en serait fini de la pêche

Vues du village de Saint-Octave-de-Métis – aujourd'hui, puis à l'époque d'Elsie.

La route menant à l'embouchure de la rivière Mitis.

dans la Mitis. Elsie regrettait d'autant plus la transaction que ses adversaires avaient usé de machinations politiques pour la déposséder de son bien. À tout le moins avait-elle mené une lutte acharnée contre les avocats et les ingénieurs de Jules Brillant, tentant l'impossible pour céder le moins de terrain possible au meilleur prix possible.

Avec la vente de la rivière, Elsie Reford perdait ses obligations et droits seigneuriaux. Instauré au Québec par la Couronne française, le régime seigneurial avait été institué afin de stimuler la colonisation de la Nouvelle-France. Selon ce système, la Couronne octroyait aux seigneurs des étendues de terre qu'ils pouvaient exploiter à leur guise. En retour, le seigneur était responsable d'attirer des colons et d'administrer ses terres. Il se devait également d'ériger un moulin pour les habitants. Bien que les fiefs De Peiras et Pachot, qu'Elsie avaient hérités de son oncle, n'aient pas été peuplés durant le régime français, et malgré l'abolition des droits seigneuriaux par le gouvernement du Bas-Canada en 1854, les anciennes seigneuries de la région de Grand-Métis avaient conservé ce halo de noblesse qu'elles détenaient autrefois. Le curé de la paroisse appelait Elsie « la Dame de la grande maison blanche ». Il faut dire que la dame en question ne prenait pas ses responsabilités de souveraine à la légère. Elsie Reford n'hésitait pas à venir en aide aux familles les plus pauvres du village et embauchait autant que possible des hommes de la région pour travailler chez elle. Durant la crise qui suivit le crash boursier de 1929, elle redoubla d'effort en offrant de la nourriture, des vêtements et du saumon frais aux nécessiteux. Ses jardiniers venaient de familles vivant non loin de là – les Larrivée et les Cassista, pour ne nommer que ceux-là. Aux yeux d'Elsie, le sens inné de la botanique qu'avaient ces gens et leur ardeur au travail contrebalançaient largement leur manque de connaissances et d'expérience. La patronne d'Estevan Lodge payait bien, mais dans la mesure du raisonnable. Contrairement à bien des femmes de son âge, elle avait adopté un rôle actif dans la gestion de ses finances. C'est de sa propre poche qu'elle payait les employés travaillant aux jardins et sur la rivière. Son mari assumait quant à lui la gestion financière des fermes et se chargeait de la vente des produits et des animaux.

À Grand-Métis, la fonte des neiges survient plus tard qu'à Montréal ou à Ottawa, aussi le printemps arrive-t-il ici avec environ quinze jours de retard. Les lis d'Estevan n'ont presque jamais connu les désastreux gels printaniers ; ils ne paraissent que lorsque la nature a ménagé pour eux un climat adéquat. La quantité de neige qui tombe ici varie d'année en année. L'hiver passé, il y avait au sol entre trois et cinq pieds de neige, mais nous avons connu par le passé des accumulations de dix à douze pieds.

Elsie Reford, « A Lily Garden in the Lower St. Lawrence Valley »

Hemerocallis lilioasphodelus (syn. *H. Flava*).

Pages 112-113 : Rudbeckie hérissée (*Rudbeckia hirta* cv.).

Pages 114-115 : *Un paysage dans le paysage – Le paysage comme tableau vivant* (1993-1996) de Francine Larivée est un chef-d'œuvre d'intégration de l'art contemporain dans un contexte historique.

Fine observatrice de tout fait social ou politique, Elsie Reford savait pertinemment quel était son rôle dans la région. Elle a su cultiver des relations amicales avec plusieurs membres importants de la communauté, notamment avec le curé de la paroisse et le directeur de la scierie des Price Brothers. Elle faisait fréquemment de petits dons à des organismes charitables et accordait des prix aux élèves de l'école de Grand-Métis. Les gens pauvres de la région la vénéraient, et pour cause : elle laissait souvent des cadeaux à leur intention, sans cérémonie, sur le pas de leur porte. Elle n'éconduisait jamais les jeunes filles qui venaient la voir pour lui vendre des baies, pas plus que le capitaine Lionel Deroy, qui avait coutume de lui apporter de l'éperlan frais. De fait, elle avait autorisé le personnel d'Estevan Lodge à acheter tout ce que les producteurs locaux avaient à proposer. Elle offrait même une récompense aux garçons du coin quand ils capturaient les taupes qui gâchaient sa pelouse et fouissaient la terre de ses jardins. Elsie ne voyait toutefois pas d'un bon œil que les politiciens locaux mettent leur nez dans ses affaires. Au fil des années, ceux-ci avaient maintes fois tenté d'établir une société de pêche dans la baie de la rivière Mitis ; or, à chaque occasion, Elsie s'était interposée pour empêcher la réalisation du projet. Elle obligeait par ailleurs Jules Brillant à respecter scrupuleusement les clauses de leur contrat, à savoir qu'il devait prévenir les déversements de pétrole dans la rivière et, indépendamment de la production hydroélectrique, garder l'eau en deçà d'un niveau préétabli. Les braconniers étaient arrêtés et traduits en justice séance tenante. Elsie comptait de nombreux amis dans le village voisin de Métis-sur-Mer, mais elle participait rarement aux activités sociales et communautaires de l'endroit. À bien des points de vue, Estevan Lodge était le centre de son univers.

Elsie goûtait grandement les jours passés dans son petit paradis. Elle devait certes assumer d'innombrables responsabilités, mais, le soir venu, elle pouvait être fière d'elle-même et de ses accomplissements. Par son travail, elle a transformé le paysage rustique d'Estevan Lodge en un véritable éden floral. Grâce à elle, ce qui n'était à l'origine qu'un simple camp de pêche est devenu l'âme de toute une communauté.

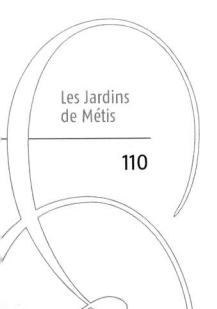

CHAPITRE 4

Les lilas sont magnifiques et les azalées resplendissantes, mais je crois que ce sont les pavots bleus qui me procurent le plus de satisfaction. Non seulement ils sont d'une grande beauté, mais leur floraison dure plus longtemps que toute autre plante. Il y a maintenant près d'un mois qu'ils font nos délices.

Elsie Reford, le 13 juillet 1954

Pages 116-117 :
Vue de la High Bank.

Pages 118-119 :
Un océan de lis.

Pavot bleu
(Meconopsis betonicifolia).

Un havre de beauté

Elsie Reford collectionnait les tableaux, les bijoux et les objets d'art. Durant les années 1920, elle fréquentait assidûment avec son mari les galeries de New York et de Londres. Au fil du temps, tous deux ont assemblé l'une des plus importantes collections d'œuvres de peintres européens à Montréal. Lorsque Elsie et Robert Reford voyageaient, leur emploi du temps s'organisait autour de visites aux galeries d'art et aux marchands de tableaux avec lesquels ils faisaient affaire depuis plusieurs décennies. Dès le moment où les travaux de jardinage ont commencé à Estevan Lodge, la passion de collectionneuse d'Elsie s'est étendue aux plantes.

Il y a des collectionneurs de plantes qui jardinent un peu et des jardiniers qui s'amusent à collectionner quelques plantes. Elsie Reford avait cela de particulier qu'elle pratiquait ces deux activités avec une égale ferveur. Un jardin de collectionneur diffère d'un jardin ornemental du fait que les plantes sont généralement regroupées par espèces et par variétés, et non selon les règles propres à la composition d'un jardin – agencement des couleurs, hauteur des plantes, cycles de floraison, etc. Elsie était certes une collectionneuse, mais elle veillait aussi à disposer ses spécimens de façon à mettre leur beauté en valeur. Elle avait réuni plus d'une demi-douzaine de collections à Estevan Lodge. Ses collections de lis, de pavots, de gentianes, de roses, de pivoines et de primevères étaient comparables à celles de bien des grands jardins nord-américains de l'époque.

Elsie Reford mérite, ne serait-ce que pour cette raison, d'être considérée comme une pionnière du jardinage au Canada. À l'époque où elle commença à bâtir son jardin, la

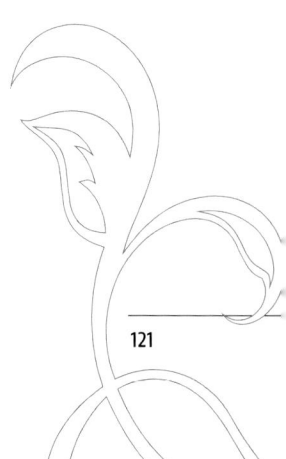

Portrait d'Elsie Reford réalisé par P. A. de László, 1915.

Le « studio » de la résidence d'Elsie à Montréal.

L'intérieur d'Estevan Lodge.

La Madone appartenant aux Reford.

La Madone des Reford

L'Italie et la peinture sont deux choses qui ont toujours captivé Elsie Reford. Sans doute est-ce cette double fascination qui l'a motivée à acquérir un tableau sur le thème de la Vierge et l'Enfant en 1928. À l'origine, cette œuvre que les Reford ont achetée du marchand d'art new-yorkais Wildenstein pour la somme de 10 000 $ était attribuée à Sodoma (Giovanni Antonio Bazzi), un maître italien mineur du XVIe siècle. L'intuition du couple Reford était bonne puisqu'il s'avéra que le tableau, dont le propriétaire précédent était Lord Battersea, avait déjà été identifié comme étant l'œuvre de Léonard de Vinci – il avait même été exposé comme tel au Burlington Fine Arts Club de Londres. Titillés par la perspective de détenir un véritable de Vinci, Elsie et Robert Reford ont tenté pendant plusieurs années de prouver son authenticité. Le défi était de taille, considérant que de Vinci n'avait peint que quelques tableaux durant sa vie et que, depuis le XIXe siècle, la presque totalité de sa production avait été recensée et résidait dans des collections publiques.

Les Reford invitèrent plusieurs experts à venir dans leur demeure de la rue Drummond pour y étudier le tableau. Le premier de ces visiteurs fut W. H. Valentiner, alors directeur du Art Institute of Chicago, l'un des plus importants musées d'Amérique. Valentiner attribua l'œuvre à de Vinci. Un autre spécialiste, l'historien d'art allemand Wilhelm Suida, compara la peinture des Reford à la *Madone au fuseau* appartenant au duc de Buccleuch, grand propriétaire terrien écossais et possesseur de l'une des plus importantes collections de tableaux au monde. La plupart des experts s'entendaient pour dire que la Madone du duc avait été peinte par de Vinci.

La Madone des Reford a acquis une certaine renommée après sa présentation à l'Exposition universelle de New York en 1939. Mais après la mort d'Elsie, ces mêmes marchands d'art qui avaient attribué l'œuvre à de Vinci dans les années 1930 se sont brusquement rétractés. Lorsque la famille a décidé de vendre le tableau dans les années 1970, elle n'a pu trouver preneur. Wildenstein l'a finalement racheté en 1971 lors d'un encan, pour une somme nettement inférieure à ce que les Reford avaient payé quarante ans auparavant ; il l'a ensuite revendu à un collectionneur new-yorkais. Ce dernier est toujours propriétaire de l'œuvre et travaille depuis trente ans à son authentification.

La Madone des Reford fut exposée en 1982 dans le village natal de son présumé créateur, à l'occasion d'une exposition consacrée à de Vinci, puis à la Galerie nationale d'Écosse en 1992, où elle fut accrochée à côté de la *Madone au fuseau*. Le conservateur de cette dernière exposition, le docteur Martin Kemp, est un spécialiste mondialement reconnu de Léonard de Vinci. Dans le catalogue de cette exposition, il affirmait que le tableau des Reford provenait presque certainement de l'atelier de Léonard de Vinci, suggérant que le grand maître en avait supervisé l'exécution et peut-être même qu'il l'avait peint de sa main.

Un havre
de beauté

Pivoine 'Avant Garde'.

Plante miniature ornant une meule de pierre ancienne.

Scabieuse du Caucase (*Scabiosa caucasia*)

Lis martagon à fleurs blanches (*Lilium martagon* var *album*).

Primevère du Père Vial (*Primula vialii*).

plupart croyaient que les plantes vivaces étaient incapables de survivre en climat nordique. N'étant fondée sur aucune expérience empirique, cette croyance tenait largement du mythe. À l'époque, les jardiniers canadiens estimaient en effet que la précocité des gels, la courte saison de croissance et la rudesse des hivers étaient autant d'éléments néfastes à la culture des vivaces. Tous s'en tenaient donc aux annuelles et à ces plates-bandes colorées et strictement délimitées qui avaient fait la joie de plus d'un jardin victorien. Les parcs et les jardins publics hésitaient à déroger de ces classiques tableaux floraux, et ce, même après que plusieurs jardiniers et collectionneurs sérieux aient commencé à acclimater des vivaces plus exotiques. Au Canada, on avait encore très peu testé la rusticité des vivaces. Seuls les jardiniers les plus courageux et les plus téméraires se risquaient à ce genre d'expérience. Dans une missive adressée aux membres de la North American Lily Society, Elsie laissait entendre qu'elle était de cette race d'horticulteurs qui n'ont pas froid aux yeux: « [...] j'espère vous avoir convaincu que les lis peuvent être cultivés en climat froid, écrivait-elle. La neige et la sévérité des hivers présentent en effet moins de désavantages pour la culture de ces fleurs qu'on ne l'imaginait auparavant. J'en suis arrivée à cette conclusion après force expérimentations et tâtonnements. »

Elsie Reford a grandement bénéficié des progrès réalisés dans le domaine de l'horticulture au début du XXe siècle. Dans les années 1880, le gouvernement de Sir John A. McDonald avait créé un peu partout au pays des fermes expérimentales où étaient menés des programmes de croisements visant l'amélioration génétique des céréales, du blé, des pommes de terre, des arbres fruitiers et d'autres produits agricoles. Dès 1890, les hybrideurs de ces fermes expérimentales se sont intéressés aux plantes ornementales. Ils travaillèrent d'abord à adapter aux jardins canadiens des vivaces qui affichaient déjà un bon degré de rusticité. Les résultats furent remarquables et eurent un impact immédiat sur l'horticulture au Canada. Grâce aux recherches de ces hybrideurs, plusieurs nouvelles variétés et cultivars de lilas, de lis, de roses et de pommetiers sauvages furent créés entre 1900 et 1930. Usant d'in-

formation glanée dans des revues d'horticulture ou à travers son réseau de contacts, Elsie fut en mesure d'obtenir certains de ces hybrides expérimentaux avant même qu'ils ne soient disponibles sur le marché. Elle était fière de ces hybrides que des compatriotes avaient développés spécifiquement pour le climat canadien.

Mais Elsie ne s'approvisionnait pas que dans les pépinières canadiennes. Vivant à une époque d'intense exploration botanique, elle avait des fournisseurs un peu partout dans le monde. L'essentiel des plantes asiatiques que nous cultivons aujourd'hui dans nos jardins ont été découvertes et introduites en Amérique en ce temps-là. Elsie restait à l'écoute de tout ce qui concernait la découverte de nouvelles plantes et la création de nouveaux hybrides, et guettait avec un enthousiasme quasi enfantin leur introduction sur le marché.

Elsie entretenait une passion particulière pour les lis. Elle aimait tant ces fleurs « d'une beauté inégalée » qu'elle disait souvent de son jardin qu'il était « un jardin de lis dans la vallée du Bas-Saint-Laurent ». Le lis est aujourd'hui une plante commune et couramment disponible, mais ce n'était pas le cas dans ces années-là. En fait, cette plante ne fut introduite que tout récemment dans les jardins d'Amérique. Ayant commencé à cultiver cette plante dès les années 1920, Elsie était en droit de dire qu'elle s'aventurait dans la culture des lis :

> Je dis « m'aventurais » parce qu'il s'agit littéralement d'une aventure. À l'exception de quelques touffes de *Lilium tigrinum*, maintenant appelé *L. lancifolium*, poussant çà et là dans quelque minuscule potager ou du rare « lis de St-Joseph » perdu au fond d'un jardin de campagne, le lis demeure une plante largement inconnue dans cette région du Québec...

Le lis a commencé à gagner en popularité au début des années 1900. Alors que certaines espèces étaient connues depuis des siècles, d'autres, découvertes par des botanistes en

Un havre de beauté

À ce temps-ci de l'année, les jardins sont une véritable féerie de lis. Seul un juge des plus courageux pourrait prétendre que telle ou telle variété surpasse les autres en perfection. Il est vrai cependant que le L. regale dépasse ses concurrents en nombre – du moins pour l'instant. Les lis royaux se sont multipliés ici de façon phénoménale, au point que nos jardins sont envahis par des milliers de ces fleurs. Qu'on le plantât à l'ombre ou au soleil, en sol acide ou alcalin, L. regale pousse ici en plants très hauts, porteurs de nombreuses fleurs. Les plus beaux sont sans contredit ceux que nous avons plantés sur un talus escarpé longeant le ruisseau. Là, ils poussent parmi d'autres plantes exquises, dans une longue bordure herbacée dont la double pente offre un point de vue sur les collines par-delà la mer. Cet horizon aux reflets bleutés se mêle aux vagues de lis royaux qui viennent hachurer la splendeur bigarrée des massifs colorés. Quand les dernières lueurs du jour se posent sur cet étalage de fleurs, nos lis, adoptant les teintes du couchant, sont aspergés de rose, de pourpre, de bleu et d'or.

Elsie Reford, « Lilies at Estevan Lodge »

Lilium taliense var. *Kaichen*.

Il n'y avait pas d'architecte paysagiste pour nous prémunir contre ces erreurs qui nous ont fait perdre du temps et auxquelles il fallait remédier, mais qui, dans la foulée, nous ont appris énormément. Nous n'avons travaillé avec aucun jardinier de formation, ni avec quiconque possédant des connaissances approfondies en botanique. En revanche, nos jeunes ouvriers ont besogné avec joie et dévouement, sans compter les heures et sans ménager leur peine. Contempler l'œuvre qu'ils ont créée de leurs mains – ces tapis de fleurs aussi timides et délicates que gaies, fières et éclatantes ; ces étendues de beauté où les roses sont reines et les lis, une bénédiction – est pour eux une douce récompense.

Elsie Reford, « A Lily Garden in the Lower St. Lawrence Valley »

Lis 'Vivaldi'.

Nous amorcions la construction de chaque jardin en creusant une tranchée de trois pieds de profondeur. Le fond de la tranchée était tapissé de grosses pierres sur une épaisseur de six pouces, puis le trou était comblé par un mélange composé de tourbe et de sable en parties égales. De l'humus, du gravillon, de la chaux ou de l'engrais étaient incorporés selon les besoins spécifiques de chaque plante.

Elsie Reford, « Lilies at Estevan Lodge »

Dans l'allée royale, le parfum et la beauté des roses et des lis s'entremêlent.

Chine et au Tibet, ne furent introduites en Amérique qu'à la fin du XIXe siècle et au début du XXe. L'une des variétés favorites d'Elsie, le lis royal (*Lilium regale*), fut introduite en Occident par le botaniste et explorateur britannique Ernest Henry « Chinese » Wilson. Lors de sa quatrième et dernière expédition en Chine en 1913, celui-ci avait expédié en Angleterre plusieurs caisses de bulbes empaquetés dans de l'argile. À l'instar de bon nombre de jardiniers de son époque, Elsie s'inspirait beaucoup de Gertrude Jekyll, célèbre auteur et paysagiste anglaise. Or, cette dernière avait publié en 1901 un ouvrage intitulé *Lilies for English Gardens*, dans lequel elle encourageait la culture des lis en jardin. « La plupart des jardiniers qui s'intéressent à l'horticulture ne savent pas encore distinguer une espèce de lis d'une autre », d'assurer madame Jekyll.

Elsie Reford, mon arrière-grand-mère, fut l'une des premières à cultiver le lis à grande échelle au Canada. Et je n'exagère pas en parlant de « grande échelle ». En septembre 1928, elle plantait les premiers bulbes de cette plante dans ses jardins. Au nombre de 92 à l'origine, il y en aurait bientôt des milliers. Elsie s'intéressait manifestement à un grand nombre d'espèces de lis – ses registres nous apprennent qu'elle a commandé des bulbes appartenant à 60 des quelque 90 ou 100 espèces disponibles dans l'hémisphère nord. Elle était attirée par la forme et la rareté de chacune, mais aussi par le défi que représentait leur culture à Grand-Métis. À sa grande surprise, ses lis n'eurent aucun mal à s'adapter au climat local. « Dans la pureté et la clarté de l'air du Bas-Saint-Laurent, sous le couvert des épinettes et bercés par le gazouillis du ruisseau, mes lis poussent merveilleusement bien », écrivait-elle. Son impressionnante collection allait du lis martagon (*Lilium martagon* var. *album*), magnifiquement galbé, au lis doré (*Lilium auratum*), de forme allongée. Si Elsie aimait tant les lis, c'était en partie à cause de leur parfum. « La fragrance de milliers de *Lilium regale* déferle sur nos terres », écrivit-elle un jour. Ce parfum était si pénétrant qu'elle disait pouvoir le humer lorsqu'elle marchait sur la plage, en contrebas des jardins, à plusieurs centaines de mètres de distance.

Entre le 25 et le 30 juin, deux variétés de lis, L. Martagon album et L. umbellatum var. erectum, éclosent presque simultanément. Toutes deux poussent avec vigueur. Quand ils sont maintenus partiellement à l'ombre, les plants de la seconde variété atteignent 4 pieds de hauteur et produisent de 6 à 8 fleurs ; en plein soleil, ils ne poussent pas autant et donnent moins de fleurs. Le L. Martagon album ne parvient à sa pleine maturation que quatre ans après avoir été planté, mais l'attente en vaut vraiment la peine. Un groupe poussant au creux d'un vallon ombragé parmi les Meconopsis betonicifolia a produit, dans un sol fortement enrichi d'humus, une tige remarquable comptant 41 fleurs. Les autres tiges exhibaient entre 20 et 30 fleurs chacune.

Elsie Reford, « Lilies at Estevan Lodge »

Lis martagons à fleurs blanches *(Lilium martagon* var. *album)*.

Tous deux très jolis, le lis de type Lilium speciosum *ainsi que l'une de ses variétés,* album Kractzeri, *sont fort fragiles et nécessitent une vigilance constante de la part du jardinier. Il faut les planter en plein soleil, dans un endroit où ils bénéficieront du plus de chaleur possible, sinon leur période de floraison arrivera trop tard dans la saison. En ce qui nous concerne, ces lis doivent fleurir avant le début d'octobre, mois à la fin duquel nous commençons à préparer les jardins en vue des premiers gels.*

Elsie Reford, « Lilies at Estevan Lodge »

Un véritable collectionneur considérera toujours sa collection comme une œuvre à jamais inachevée. Ainsi, le collectionneur de plantes sera éternellement à la recherche de nouveaux hybrides, de spécimens rares ainsi que des espèces et cultivars manquant à sa collection. À ce propos, Elsie écrivait : « Il y a toujours ce désir d'élargir nos horizons et de continuer d'enrichir notre petit coin de terre grâce aux trésors que la nature, dans sa sagesse et sa générosité, a créés pour des sols étrangers. Il nous faut aussi saluer et accueillir les fruits du patient labeur des hybrideurs. »

Elsie fut l'une des premières à obtenir des bulbes d'Isabella Preston, célèbre hybrideur autodidacte qui avait développé des lis hybrides au Ontario Agricultural College de Guelph et, par la suite, à la Ferme expérimentale centrale à Ottawa. Voici ce qu'écrivit Elsie au sujet d'un des lis hybrides de Preston, le *Lilium* 'George C. Creelman' : « Tous ceux qui aiment et cultivent des lis sont redevables à mademoiselle Preston d'avoir créé ces hybrides splendides. »

Dans certains cas, nous avons réussi là où Elsie Reford avait échoué. Par exemple, nous avons plusieurs massifs du lis du Canada *(Lilium canadense)*, fort beau et fort délicat. Cette plante rarement vue dans nos jardins est pourtant le seul lis indigène dont nous disposons. Elsie le décrivait avec un tel enthousiasme qu'on eût dit qu'elle enviait sa beauté – elle parlait de ses « séduisants calices d'or orangé se balançant dans la brise » et de cette « grâce merveilleuse qui le fait réagir à la plus infime caresse de l'air, en un mouvement qu'aucune autre fleur ne saurait imiter ». Alors qu'autrefois le lis du Canada poussait librement dans les champs du Québec et de l'Ontario, on ne le rencontre plus que rarement à l'état sauvage. C'est dans un sol très humide, presque marécageux qu'il poussera le mieux. Pour belle qu'elle soit, cette plante a donné beaucoup de fil à retordre à Elsie. Voici ce qu'elle en disait :

> Nous avons obtenu du succès avec la plupart de nos variétés de lis, mais je dois avouer que nous avons également subi des échecs. Curieusement, nous avons eu

Le lis du Canada *(Lilium canadense)* est l'une de nos plus belles plantes indigènes.

Un havre de beauté

Lis 'Sweet Surrender' (*Lilium tigrinum*).

Le jardinier diffère de ses semblables en ce sens que ses efforts finissent toujours par être couronnés de succès : dès l'instant où il lui est donné de contempler les fruits – ou plus exactement les fleurs – de son labeur, les épreuves, les erreurs, les déceptions et les échecs sont effacés de sa mémoire pour faire place à la plus pure exaltation.

Elsie Reford, *Gentians at Estevan Lodge*

Le pavot bleu (*Meconopsis betonicifolia*) fait partie de notre remarquable collection de plantes asiatiques.

beaucoup de mal avec notre lis indigène, le *Lilium canadense*. Nous avons fait venir nos premiers bulbes de la vallée de la Matapédia. Là, à 100 milles à peine d'ici, cette plante pousse sans problème. La croissance fut modérée au cours des deux premières saisons, mais les quelques fleurs qui ont éclos n'ont pas reparu par la suite. L'automne dernier, nous avons acheté de nouveaux bulbes d'une pépinière locale pour remplacer les bulbes sauvages que nous avions plantés précédemment. Nous attendons les résultats avec impatience, d'autant plus que ce lis est doté d'une grâce et d'un charme qui, j'en suis sûre, feront honneur à nos jardins. »

Elsie Reford, « A Lily Garden in the Lower St. Lawrence Valley »

La frustration d'Elsie est compréhensible. Les 100 bulbes qu'elle plantera en septembre 1933 ne pousseront pas plus que les précédents. Ses tentatives ultérieures se solderont elles aussi par des échecs.

Fort heureusement, Elsie Reford a également obtenu des succès retentissants avec la culture des lis. Elle fut particulièrement fière des résultats qu'elle obtint avec le lis géant (*Cardiocrinum giganteum*). Pouvant atteindre plus de 3,5 mètres de hauteur, cette plante est originaire des forêts tropicales de l'Himalaya. Notoirement difficile à cultiver, elle peut prendre jusqu'à sept années avant de donner des fleurs et meurt immédiatement après la floraison. Elsie planta ses premiers bulbes de lis géant en 1938. Leur éclosion fut l'événement de la décennie à Estevan Lodge. Au fil des ans, Elsie assistera à plusieurs autres floraisons de lis géants dans ses jardins. Il existe de nombreux clichés où Elsie, minuscule en comparaison de ces plantes gigantesques, pose fièrement à côté d'elles. Malheureusement, nous n'avons pas eu autant de chance qu'Elsie en ce qui concerne le lis géant. Jusqu'à maintenant, toutes nos tentatives de culture se sont avérées vaines et fort coûteuses.

Hormis le *Cardiocrinum*, d'autres espèces exotiques venant d'Asie ont suscité l'enthousiasme d'Elsie Reford. Parmi elles, mentionnons le pavot bleu (*Meconopsis betonicifolia*),

Plusieurs centaines de *Meconopsis grandis* ont été plantés dans les bois près du site du Festival international de jardins. Les fleurs du *Meconopsis grandis* sont plus grosses et d'un bleu plus profond que celles du *M. betonicifolia*.

Les Jardins de Métis

Le pavot bleu fleurit à la mi-juin et conserve ses fleurs jusqu'à la fin de juillet.

plante emblématique des Jardins de Métis depuis plus de deux décennies. Rare et particulièrement difficile à cultiver, le pavot bleu est apprécié pour sa couleur unique, d'un bleu très pur, et sa beauté virginale. Nous disposons à Métis de la plus grande collection de *Meconopsis betonicifolia* au monde. Le directeur adjoint des jardins, Jean-Yves Roy, a personnellement vu au développement des premières platebandes-test. L'expérience fut une franche réussite. Nos massifs de pavots bleus comptent aujourd'hui plus de 10 000 plants, lesquels sont les descendants directs de ceux qu'Elsie cultiva dans les années 1930.

La provenance des *Meconopsis* d'Elsie témoigne de ses talents de collectionneuse. Le pavot bleu de l'Himalaya est l'une des merveilles du monde végétal. Originaire des gorges de Tsangpo, dans le sud-ouest du Tibet, cette plante pousse à une altitude de 3 000 à 4 000 mètres. C'est le botaniste et explorateur britannique Frank Kingdon Ward qui l'a découverte en 1924. De cette plante aux caractéristiques remarquables, il disait : «...ses fleurs d'une perfection absolue sont d'un bleu turquoise intense, quasi lumineux, semblable à celui du ciel le plus clair et le plus pur qui se puisse imaginer.» Ward a présenté sa découverte à la Société royale d'horticulture de Londres en 1926. Depuis ce temps, le pavot bleu n'a cessé de fasciner et d'enchanter les jardiniers du monde entier. Intriguée par l'enthousiasme que suscitait cette plante, Elsie Reford fut parmi les premiers horticulteurs d'Amérique du Nord à la cultiver. Dans les années 1930, elle eut beaucoup de succès avec des graines provenant du Jardin botanique royal d'Édimbourg. Dès 1936, ses jardins comptent plus d'une demi-douzaine d'espèces de *Meconopsis* – *M. betonicifolia*, *M. grandis*, *M. integrifolia*, *M. napaulensis*, *M. quintuplinervia* et *M. simplicifolia*, pour ne nommer que ceux-là. Frank Kingdon Ward se souvient avoir reçu en 1945 une lettre de remerciements «d'une dame du Canada, avec une photo montrant des centaines de pavots bleus poussant dans son jardin du Bas-Saint-Laurent». Dans sa missive, la dame écrivait : «Mes pavots bleus croissent si bien que lorsque l'on déambule entre leurs massifs qui regorgent de fleurs exquises, l'on se croirait au cœur d'une vallée féerique appartenant au monde des rêves.» La dame en question était, bien sûr, Elsie Reford.

La culture du pavot bleu représente pour le jardinier un réel défi. Contrairement aux autres variétés de pavot, le pavot bleu nécessite un sol riche et légèrement acide. Peu résistant à la sécheresse et aux chaleurs excessives, il a besoin de fraîcheur pour s'épanouir pleinement. C'est pourquoi un jardinier œuvrant dans un climat tempéré comme celui de la côte ouest canadienne aura généralement plus de succès avec cette plante que celui qui tente de la faire pousser dans un climat chaud et sec.

Estevan Lodge jouit d'un microclimat en partie naturel – conséquence de la topographie du site – et en partie créé par les bons soins d'Elsie Reford. Premièrement, le promontoire sur lequel se trouve la propriété la protège des vents glaciaux du fleuve Saint-Laurent, de la brise marine et de leurs effets néfastes. Sur un autre front, la Pointe-aux-Cenelles protège Estevan Lodge des féroces vents nordiques qui soufflent parfois sur la région. Elsie a par ailleurs fait pousser un massif d'épinettes et de peupliers qui a contribué à garder le jardin à l'abri du vent, assurant une bonne couverture nivale durant la saison froide. Sous cette couche de neige, ses pavots bleus étaient épargnés de la rudesse de l'hiver.

À Grand-Métis, la floraison des pavots bleus commence à la mi-juin et dure jusqu'à la fin de juillet – elle se prolonge même parfois jusqu'en août! Chaque plant produit une douzaine de fleurs qui éclosent l'une après l'autre. Cette variété de pavot se démarque surtout par sa couleur unique; en effet, le bleu se rencontre très rarement chez les végétaux. Elsie a planté ses pavots bleus dans une clairière où, entourés de fougères et de lis martagons, à l'ombre de conifères et de pommetiers, ils sont gardés bien à l'abri du soleil. Le climat typiquement pluvieux du Bas-Saint-Laurent procure la fraîcheur et l'humidité nécessaires à cette plante délicate. Bref, à Estevan Lodge, le pavot bleu s'épanouit dans des conditions quasi optimales. Dans le domaine de l'horticulture, on dit que la valeur d'un jardinier se mesure entre autres au succès qu'il obtient avec le pavot bleu. Ceux qui parviennent à faire pousser cette plante peuvent à juste titre se vanter de cet insigne accomplissement. Mais cela ne

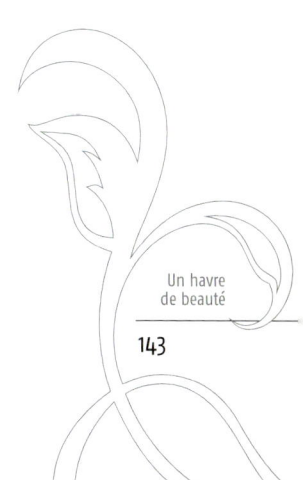

Un havre de beauté

Robert Wilson Reford réalisait parfois des études photographiques à partir des plantes du jardin – les pivoines de l'allée royale, par exemple.

suffit pas. Encore faut-il que la germination réussisse. Les graines de pavot bleu sont difficiles à trouver, mais aussi très difficiles à faire germer. Jean-Yves Roy, le directeur adjoint des jardins, a personnellement vu au développement de plates-bandes d'essai qui comptent aujourd'hui plus de 10 000 plants, lesquels sont les descendants directs de ceux qu'Elsie a plantés dans les années 1930. Les graines produites par nos pavots bleus sont récoltées, puis séchées. Il est possible de s'en procurer aux Jardins. De plus, des plants sont mis en vente au printemps et en automne. Il est vrai que peu de jardiniers ont obtenu avec le pavot bleu autant de succès qu'Elsie Reford, cependant son exemple démontre que même les plantes les plus exotiques peuvent parfois s'épanouir dans différents environnements.

Bien qu'il ne s'agissait pas là de sa fleur préférée, la collection de pivoines d'Elsie est indicative du niveau de sophistication qu'elle avait atteint en tant qu'horticultrice. Elle achetait ses racines chez Kelway & Son ou chez Barr & Sons, deux pivoineries britanniques réputées. Les registres d'Elsie Reford nous apprennent qu'en 1931, elle a pris livraison de 842 pivoines, pour un coût total de 600 $. Voilà ce qui s'appelle du jardinage à grande échelle !

La collection d'Elsie comprend plusieurs variétés de pivoines élaborées par des sélectionneurs français – ce qui explique sans doute pourquoi elles ont été affublées de noms poétiques comme 'Monsieur Jules Élie', 'Souvenir de Maxime Cornu', 'Avantgarde', 'Duchesse de Nemours', 'Couronne d'or', 'Claire Dubois' et 'Félix Crousse'. Il y avait déjà plusieurs siècles que l'on cultivait la pivoine en Chine et au Japon quand les sélectionneurs français ont commencé à s'intéresser à cette plante dans les années 1850. La pivoine fut très populaire dans les années 1900, soit comme élément entrant dans la composition d'un jardin, soit comme fleur coupée. Les variétés qu'Elsie a plantées dans l'allée royale forment une toile de fond verdoyante qui met en valeur les autres plantes du massif. Les tiges apparaissent peu après la fonte des neiges et la floraison a lieu durant la dernière semaine de juin. Elsie a conçu l'allée royale de façon que le visiteur

Les deux massifs de l'allée royale comptent aujourd'hui plusieurs centaines de pivoines *(Paeonia)*.

Pivoines en fleur *(Paeonia)*.

ne la découvre qu'après avoir grimpé plusieurs marches. Arrivé au sommet, il se retrouve devant une masse compacte de fleurs aux couleurs époustouflantes. Le massif double de l'allée royale comprend environ 200 pivoines. Cette plante demeure sans contredit l'un des éléments distinctifs des Jardins de Métis. Si l'on ne remarque pas d'emblée qu'une douzaine de cultivars coexiste ici, c'est que, vues de loin, toutes les pivoines se ressemblent ; ce n'est qu'en y regardant de plus près qu'on distingue les particularités de chaque variété. Avec ses fleurs tantôt simples, tantôt doubles et son feuillage singulier, la pivoine continue d'intriguer et d'émerveiller nos visiteurs.

« Pourpre cramoisi », « vert citronné extrêmement pâle », « rose vif » et « rose saumon » sont les termes qu'utilisait Elsie Reford pour décrire les couleurs de ses pivoines préférées. Elsie a entretenu pendant un temps un jardin de pivoines blanches qu'elle remplaça par la suite par des rosiers. Les pivoines blanches furent repiquées dans le jardin de fleurs coupées où Elsie et Bufton puisaient les éléments des bouquets ornant l'entrée d'Estevan Lodge.

Elsie a connu sa part de frustrations avec ses pivoines. Les tiges de certains cultivars n'étaient pas assez fortes pour soutenir ces fleurs de la grosseur d'une soucoupe. Jane Fearnly Whittingstall, qui s'est intéressée à l'histoire de la pivoine, a souligné le contraste entre les pivoines élaborées au début du XXe siècle et les créations ballonnées des décennies suivantes, avec leurs « fleurs lourdes et massives perchées sur des tiges délicates, comme une trop volumineuse coiffure en équilibre sur un cou long et fin ». Les pivoines d'Elsie étaient trop délicates pour résister aux averses de l'été ; après un orage, il n'était pas rare qu'elle les trouvât affaissées, leurs pétales éparpillés un peu partout dans l'allée. Encore aujourd'hui, après chaque orage, nos jardiniers mettent des heures à balayer l'allée royale et à installer des tuteurs pour soutenir les pivoines abattues.

À mesure que son intérêt pour les pivoines grandissait et que son expertise se développait, Elsie optait pour des cultivars de plus en plus exotiques. Les premières pivoines

Un havre de beauté

Elsie Reford a employé le terme « rose vif » pour décrire la couleur de ses pivoines favorites.

Lorsque les azalées fleurissent à la mi-juin, on assiste à une explosion de couleurs s'étalant sur une sobre et verdoyante toile de fond de fougères et de conifères.

repiquées dans son jardin étaient jolies mais communes. Dans les années 1930 et 1940, elle s'est tournée vers des spécimens d'une plus grande rareté. En 1933, elle importa huit pivoines arborescentes achetées chez Kelway & Son ; en 1936, Barr & Sons lui fournit plusieurs espèces sauvages de cette plante. C'est à cette époque qu'Elsie commença à introduire des hybrides développés par Arthur Percy Saunders parmi les autres cultivars. Professeur de chimie au Hamilton College de Clinton, dans l'État de New York, Saunders – après plus d'une centaine de croisements – avait réussi à produire de nouvelles espèces de pivoines d'une finesse et d'une beauté exquises.

Pour Elsie Reford, le passage de jardinier amateur à horticultrice et collectionneuse avertie se fit progressivement et de façon naturelle. Ses réussites du début avec les vivaces l'ont encouragée à acclimater des plantes de plus en plus exotiques et inhabituelles pour la région. Les jardiniers et horticulteurs qui venaient visiter ses jardins ne manquaient jamais de lui faire découvrir des plantes intéressantes. Or Elsie, ne reculant pas devant un défi, était toujours très heureuse de mettre ses talents de jardinière à l'épreuve avec l'introduction de nouveaux cultivars dans son jardin.

Les résultats qu'elle obtenait dépassaient parfois ses propres attentes. La *Paeonia mlokosewitschii*, très prisée du fait de sa couleur jaune, faisait l'envie de plusieurs collectionneurs. Cependant, ceux qui réussissent à la cultiver et à la faire éclore déplorent sa trop brève période de floraison qui, dans certains cas, ne dure pas plus de quatre heures. Or, dans les jardins d'Elsie, la floraison de cette plante dure presque deux semaines ; l'air frais et pur du Bas-Saint-Laurent contribue à prolonger sa beauté. La *Paeonia mlokosewitschii* est l'une des nombreuses variétés de pivoines que nous avons récemment réintroduites dans notre collection. Au cours des trois dernières années, avec l'aide de notre horticultrice, Patricia Gallant, et de Mary Pratte, membre de la Canadian Peony Society, nous avons commencé à colliger l'information relative à la collection de pivoines d'Elsie afin d'identifier les espèces qui en faisaient partie. Cette tâche colossale

L'allée des gentianes fut l'un des derniers projets horticoles d'Elsie Reford. Ces fleurs minuscules et enchanteresses, d'un bleu intense, ont amené Elsie à créer de longues plates-bandes incurvées afin de les mettre en valeur.

Gentiana septemfida.

Gentiana sino-ornata.

nous a fait comprendre combien il est important d'assurer, avec beaucoup de rigueur, la continuité dans l'élaboration et l'entretien d'un jardin. Lorsqu'ils sont partis, Elsie et, après elle, Wyndham Coffin, ont emporté avec eux une bonne part de leurs connaissances. Dans les années 1960 et 1970, des experts tels Henry Teuscher et Normand Corneillier, du Jardin botanique de Montréal, ont passé un nombre incalculable d'heures à dresser l'inventaire des plantes qu'Elsie Reford avait jadis collectionnées et cultivées. Cette tâche apparemment insurmontable a nécessité l'assistance de quantité de botanistes et de taxinomistes. À ce jour, des centaines de plantes restent à identifier.

Les autres collections des jardins de Grand-Métis étaient tout aussi innovatrices. On dit par exemple que c'est Elsie Reford qui a introduit l'azalée dans les jardins québécois. Impressionnée par les couleurs vives de ces plantes, elle en importa plusieurs spécimens d'Angleterre. Chaque année, l'éclosion des azalées à la mi-juin donne lieu à une explosion bigarrée de teintes pastel avec, en toile de fond, la douce verdure des épinettes et des fougères. Bien qu'étant on ne peut plus exotiques, les azalées se marient harmonieusement à ce type d'environnement. Leur brève floraison marque le début de la plus intense période d'éclosion de l'été, laquelle se poursuivra jusqu'à la fin d'août.

La passion de collectionneuse d'Elsie prenait parfois une tournure inusitée. Ce fut le cas lorsqu'elle décida de créer un jardin de gentianes. Elsie adorait le bleu intense et profond de cette minuscule plante alpine. Elle décrivait en ces termes la *Gentiana* x 'Well's Variety (syn. *G.* 'Welsii'), sa variété favorite : « L'incomparable fleur de l'hybride 'Welsii' est d'un bleu turquoise des plus éclatants. » Son autre gentiane préférée était la *Gentiana farreri*. C'est sans doute la description que le botaniste et explorateur Reginald Farrer a fait de cette plante insaisissable qui a poussé Elsie à la rechercher avec tant d'ardeur. « Aucune autre plante ne présente une telle intensité chromatique, écrivait Farrer. Sa couleur semblable à celle d'une aube claire, perçante et translucide, nimbe le paysage tel un joyau électrique, une turquoise précieuse et incandescente que l'on croirait illuminée de l'intérieur. » Selon la romancière et

Sceau-de-Salomon (*Polygonatum multiflorum*).

Souvent considérée comme une mauvaise herbe, la salicaire *(lythrum salicaria)* n'en est pas moins imbue d'une beauté particulière.

Rodgersie *(Rodgersia podophylla)*.

journaliste horticole Vita Sackville-West, cette description qu'a fait Farrer de la gentiane compte parmi les plus beaux écrits de botanique jamais réalisés. Cela dit, à l'instar de bon nombre de jardiniers, Sackville-West estimait que la gentiane était une plante par trop frustrante et exigeante à cultiver.

Elsie Reford était fière d'avoir créé l'un des seuls jardins de gentianes au monde. « Ces fleurs enchanteresses dégagent quelque chose de très particulier, écrivait-elle. Elles sont si discrètes que lorsque l'on tente de les combiner avec d'autres plantes, on a l'impression de pécher contre les règles de l'art en horticulture. » Sachant cela, Elsie a construit pour ses gentianes deux longues plates-bandes incurvées qu'elle a placées non loin de sa collection de plantes alpines, mais à distance suffisante pour que les couleurs délicates des gentianes ne soient pas éclipsées. La floraison des gentianes en septembre vient compléter le tableau floral du jardin. Celles-ci disparaissent sous les premières neiges à la fin d'octobre ou au début de novembre. L'enthousiasme d'Elsie pour ses gentianes nous donne une idée du temps qu'elle passait à Estevan Lodge. Désireuse de prolonger ses séjours, elle recherchait des plantes qui fleurissaient à la toute fin de l'été.

Ses jardins devenaient parfois le théâtre de plantations massives, comme ce fut le cas en 1944. « En octobre, nous avons transplanté 3 354 *G.* 'Welsii' dans l'allée des gentianes, écrivait-elle. Parmi les plants restants, certains furent envoyés à d'autres jardins, mais plus de 2 000 furent mis en réserve en attendant le jour où nous disposerons du temps et de la main-d'œuvre nécessaires à la poursuite de notre art jardinier. »

Elsie pratiquait fréquemment une forme de braconnage horticole. Son journal nous apprend que ce qu'elle ne pouvait acheter ou trouver sur ses terres, elle allait le chercher dans la nature. Elle aimait explorer la campagne en voiture, à la recherche de nouvelles plantes pour ses jardins. Elle détectait dans les fossés, dans les champs et sur les berges de la rivière Mitis des spécimens qu'elle déterrait d'une main experte. Son journal

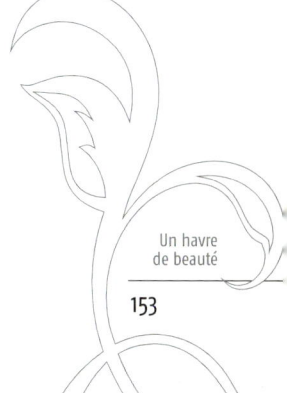

Un havre de beauté

Pâturin du Kentucky dans le pré fleuri.

Un havre de beauté

[...] le croisement de ce bleu turquoise si raffiné avec le bleu royal intensément riche de la G. sino-ornata nous a donné le bleu éclatant, quasi surnaturel de l'incomparable fleur de l'hybride 'Welsii'.

Elsie Reford, *Gentians at Estevan Lodge*

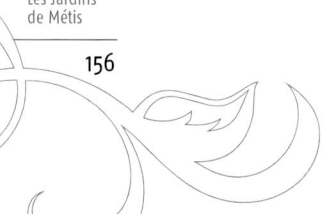

Digitale pourpre *(Digitalis purpurea)*.

mentionne qu'en 1931, elle a transplanté dans ses jardins quelque 300 fougères provenant des bois et des fermes environnantes. Ses équipées la menaient parfois jusqu'à la rivière Matane, à 50 kilomètres à l'est de Grand-Métis ; elle trouvait là de grandes fougères qu'elle transplantait dans ses plates-bandes à l'automne.

Mais on ne faisait pas pousser que des fleurs à Estevan Lodge. Le domaine des Reford était autosuffisant du fait qu'on y cultivait tous les aliments nécessaires à la survie de ses habitants. Robert Wilson Reford, le mari d'Elsie, était très impliqué dans la gestion des fermes du domaine. Durant la Seconde Guerre mondiale, époque où la nourriture se faisait rare, il s'est lancé dans de nouvelles cultures, notamment celle du carthame et du tournesol. Il était convaincu que l'huile de tournesol se substituerait avantageusement en cuisine aux huiles végétales de l'époque. Des graines et de l'huile issues d'une première récolte furent envoyées au Département de l'agriculture à Ottawa pour y être analysées. Robert Wilson veillait aussi à la transformation des céréales en farine servant à nourrir ses porcs et ses volailles.

Elsie songeait à ses jardins même quand elle ne se trouvait pas à Grand-Métis. L'arrivée des catalogues de semences était un moment de l'année qu'elle attendait toujours avec impatience. Dans une lettre de janvier 1956 adressée à mon père elle écrivait : « Depuis que j'ai commencé à recevoir les catalogues de semences, je me sens beaucoup plus près de l'été et de mes jardins. Comme de coutume, je vais m'emballer et faire des listes démesurées que je devrai ensuite ramener à des proportions plus raisonnables. » Mais Elsie avait toujours bien du mal à se modérer. Chaque année, dans un élan d'enthousiasme débridé, elle commandait des douzaines, voire des centaines de plants. Il lui tardait d'éprouver de nouvelles variétés ou de cultiver une partie des jardins jusque-là inexploitée. Avec l'âge, son corps s'est affaibli et elle ne pouvait plus jardiner comme avant, néanmoins elle a conservé intacte sa curiosité d'horticultrice. En 1958, alors qu'elle avait plus de quatre-vingts ans et passait son dernier été dans les jardins, elle projetait encore l'élaboration de nouveaux massifs et préparait le terrain à l'arrivée de nouvelles plantes.

Elsie consultant son cadran solaire.

Anémone des bois (*Anemone nemorosa* cv.).

Roses en fleur.

Elsie Reford était dotée d'une imagination des plus fertiles. Jardinière autodidacte, elle n'en était pas moins capable d'orchestrer la conception et la réalisation de nouveaux jardins sans improvisation, avec rigueur et minutie. Sa passion de collectionneuse l'a amenée à créer des habitats spécifiques pour chacune des espèces de son jardin. Un dosage précis du drainage et du temps d'exposition au soleil, ainsi qu'un choix de terreau des plus judicieux sont autant d'éléments qui contribuèrent à son succès.

Mon arrière-grand-mère mettait allègrement la main à la pâte. Des centaines de photos la montrent agenouillée dans ses plates-bandes, tantôt désherbant, tantôt prenant soin de ses spécimens. Elsie ne croyait pas qu'il était nécessaire de disposer d'installations ou d'outils sophistiqués pour jardiner. Il lui arrivait de démarrer ses plants à Montréal, dans sa résidence de la rue Drummond. Elle fit éventuellement construire une petite serre à Estevan Lodge afin que son jardinier en chef, Wyndham Coffin, puisse démarrer les plants à temps pour son arrivée en mai ou juin.

Un jardin digne de ce nom doit faire l'objet de constantes améliorations et le jardin d'Elsie était en perpétuelle transformation. Du début du printemps aux derniers jours de l'automne, Elsie parcourait ses jardins, stylo à la main, soulignant les améliorations à apporter, dressant la liste des plantes devant être déplacées et prenant note de ses réussites comme de ses échecs. Dans cette captivante aventure, essais et erreurs étaient des compagnons de tous les instants. Aux yeux d'Elsie, ce processus basé sur l'expérimentation était des plus stimulants. Comme tous les jardiniers, elle s'inquiétait de son jardin pendant la saison froide, espérant que ses plantes survivent aux rigueurs de l'hiver. À son retour, il arrivait parfois que les choses ne se présentent pas comme elle l'aurait souhaité, mais, plus souvent qu'autrement, une agréable surprise l'attendait. En mai 1940, après une première journée sur les lieux, elle note : « Lors de mon inspection des jardins, j'ai constaté avec plaisir que les pivoines importées de chez Barr l'automne passé – et dont les chances de survie semblaient assez minces, étant donné leur plantation tardive – ont toutes survécu et poussent joliment. »

Mais la nature ne se montrait pas toujours aussi clémente. « Le niveau du ruisseau s'est élevé de plus de cinq pieds, écrivit-elle un jour, une catastrophe qui a causé des dommages considérables. Déjà en d'autres temps il s'agirait d'un terrible incident, mais cette année la chose est d'autant plus grave que nous manquons de main-d'œuvre. Wyndham et un autre de nos hommes travaillent à la reconstitution du jardin de Boris dès six heures du matin. Nous avons perdu près d'une cinquantaine de nos plus beaux lis dans ce jardin... » Dans les années 1950, les jardiniers d'Elsie, soucieux d'éviter que pareil débordement ne se reproduise, ont imaginé une solution que nous appliquons toujours aujourd'hui et qui consiste à placer des palissades de bois de chaque côté du ruisseau.

Les jardins n'étaient accessibles aux visiteurs qu'en de rares occasions. Le 2 août 1941, ils furent exceptionnellement ouverts au public dans le cadre d'une levée de fonds pour le Queen's Fund for Air Raid Victims, afin de venir en aide aux victimes de raids aériens. Elsie recevait parfois des horticulteurs professionnels qui avaient lu ses articles ou entendu parler de son jardin unique. Après sa visite, Henry Teuscher, le conservateur du Jardin botanique de Montréal, décrivit l'œuvre d'Elsie en ces termes élogieux :

> Partant de ces conditions tantôt naturelles, tantôt artificielles, la propriétaire a systématiquement amélioré le sol lourd, argileux et acide en y incorporant des quantités importantes d'humus et de compost. Il fallut plusieurs années de travail infatigable pour enrichir cette terre peu fertile. Pendant tout ce temps, elle se livra à diverses expériences pour choisir les plantes les plus compatibles à ces conditions. Le résultat final est un jardin tentaculaire d'une incroyable richesse. Les gentianes d'Asie, particulièrement l'hybride *G.* x *macaulayi* 'Well's Variety', la *G. farreri* et la *G. sino-ornata*, sont pratiquement impossibles à cultiver en climat doux et pourtant elles poussent ici par milliers. Le phénomène se répète avec la variété européenne *G. acaulis*. Les azalées et les rhododendrons, dont plusieurs espèces rares viennent d'Asie, poussent ici comme dans leur habitat naturel. De nombreuses espèces de primevères prolifèrent

Hormis ses bancs et ses vasques, le jardin compte peu d'éléments ornementaux.

L'une des dernières images d'Elsie Reford dans ses jardins. Cette photo fut prise peu avant son départ définitif d'Estevan Lodge en 1958.

Un havre de beauté

Nous avons planté des lis un peu partout, parmi les arbrisseaux et les vivaces, avec les roses floribundas et polyanthas, dans les jardins de rocaille, etc. Sachant que les lis ont besoin d'espace pour bien pousser, nous avons pris garde de ne pas entasser les autres plantes autour d'eux.

Elsie Reford, « A Lily Garden in the Lower St. Lawrence Valley »

Primevère japonaise (*Primula japonica*).

dans tous les sens. La collection de lis comprend diverses espèces et hybrides qui poussent de façon fort singulière, en d'énormes touffes plus hautes qu'un homme qui comptent chacune des douzaines de fleurs. Fort ingénieusement, la portion inférieure de ces plants est protégée de la lumière directe du soleil par les pivoines et les petits arbustes qui poussent à leurs pieds. Mademoiselle Preston, l'éminente horticultrice d'Ottawa, a visité l'endroit; or, quel ne fut pas son étonnement lorsqu'elle aperçut des lis hybrides de sa propre composition poussant dans un état de vigueur et de beauté supérieurs à ce qu'elle aurait pu imaginer. Ces mêmes pavots bleus (*Meconopsis betonicifolia*) avec lesquels nous n'avons connu aucun succès au Jardin botanique de Montréal ont été plantés à la lisière d'un massif d'épinettes et atteignent une hauteur de plus de six pieds. Il arrive même qu'ils s'ensemencent eux-mêmes! Considéré fragile au nord d'une zone de rusticité 5, le lis du Pérou (*Alstroemeria aurea*) survit ici sans problème, protégé par un épais manteau de neige en hiver. Visiter ce jardin à la fin de juin est une expérience inoubliable. Dans la région, le printemps commence tard et les étés sont courts, ce qui fait que bon nombre de plantes qui, ailleurs, fleuriraient séparément à quelques mois d'intervalle, atteignent ici leur pleine floraison simultanément. On se retrouve donc devant une quantité absolument époustouflante de fleurs.

Elsie Reford n'a jamais prétendu être une experte en horticulture ou en jardinage. Cela dit, ses talents de collectionneuse et de jardinière sont indéniables. Si les jardiniers et journalistes horticoles de son époque l'ont inspirée dans son choix de plantes, il demeure que c'est son propre esprit aventurier qui l'a poussée à acclimater des plantes que personne d'autre n'avait osé cultiver auparavant. Inspirée et entreprenante, Elsie a su créer un « havre de beauté unique… tissé de fleurs radieuses, éblouissantes et fières, mais si timides, si suaves et oh! combien délicates! »

Champ cultivé à Saint-Octave-de-Métis.

Sous la pelouse, le jardin, création de Sophie Beaudoin, Marie-Ève Cardinal et Michèle Gauthier (Groupe Cardinal Hardy) lors du Festival international de jardins, édition 2001.

Pagayant ainsi sur l'onde calme vers le couchant, on a le sentiment d'être arrivé aux portes du ciel. Rien ne saurait être plus beau ou exprimer plus pleinement quelque divine promesse.

Elsie Reford, le 10 septembre 1911

Photo de la Villa Estevan avant sa restauration, en 2003.

Épilogue

La porte du ciel

Tout en haut de la rue Drummond, Elsie ferme derrière elle la porte de son domicile et entreprend de descendre la côte qui la mènera à la gare et, de là, jusqu'à Grand-Métis. Il s'agit pour Elsie Reford d'un rituel familier qu'elle répétera pendant plus de cinquante années. Son rituel intime sur la route du paradis.

Elsie Reford décida en 1958 que cet été serait son dernier à Estevan Lodge. Quand elle quitta Grand-Métis en octobre de cette année-là, elle prit conscience du fait que son jardin était un chapitre de sa vie maintenant clos, que sa vie elle-même tirait à sa fin. Étant une femme réservée, elle n'a laissé entrevoir que très rarement dans ses lettres cette tristesse qu'elle devait éprouver à l'idée de ne plus jamais pouvoir retourner dans ses jardins chéris. Sa correspondance laisse toutefois entendre qu'elle est demeurée très attachée à son domaine du Bas-Saint-Laurent. Même qu'elle a demandé à Bufton, son fidèle majordome pendant près de cinquante ans, de prendre pour elle des photos des jardins. Cet espionnage horticole se poursuivit pendant plusieurs années, satisfaisant ce besoin qu'elle avait de suivre les progrès de ses jardins, de connaître les réussites et les échecs liés à ses plantes favorites.

Ce dernier départ de Grand-Métis fut sans doute pour Elsie une expérience fort éprouvante. Elle se consolait probablement en songeant que son fils aîné, Bruce, partageait son amour de la région et de ses habitants. Militaire à la carrière exemplaire, celui-ci avait été dans la garde irlandaise de 1914 à 1946 et avait servi en Angleterre, en Irlande, en Écosse, en Belgique, en France, en Égypte et en Palestine. En 1946, le brigadier Bruce

Reford quitta l'armée et rentra au Canada. Il vécut plusieurs années sur l'Île de Vancouver, puis il s'établit au Québec en 1954, année où sa mère lui fit don d'Estevan Lodge. Bruce avait grandi le long des berges de la rivière Mitis ; c'est là qu'il avait appris à chasser, à pêcher et à monter à cheval. Il aimait la nature et goûtait les plaisirs simples de la campagne. Les habitants de la région le connaissaient peu, mais lui les connaissait fort bien. Il était même au courant de leur généalogie et pouvait leur raconter de nombreuses anecdotes où se mêlaient leur passé et le sien. En plus d'avoir du charme, cet homme à la taille imposante – c'était un véritable géant – a toujours entretenu de bons rapports avec les gens de l'endroit. En revenant à Estevan Lodge, Bruce Reford renouait avec le pays de son enfance. Il se sentait ici chez lui.

Bruce emménagea à Grand-Métis en 1955. D'emblée, il fit hivériser certaines parties de la maison de façon à pouvoir y habiter l'année durant. Mais il se vit bientôt forcé de contempler une éventualité qui, aux yeux de sa mère, eût été inimaginable : il allait tôt ou tard devoir se départir d'Estevan Lodge et de ses jardins. La seconde épouse de Bruce, Elspet, était passionnée de jardinage et adorait s'occuper des plates-bandes que sa belle-mère avait créées. Femme pragmatique, Elspet savait cependant fort bien que son mari n'avait pas les moyens d'entretenir des jardins et une propriété de cette envergure. Autre problème majeur : le couple n'avait pas accès à une source stable d'eau potable sur la propriété. Ils avaient fait creuser plusieurs puits, mais, chaque fois, leur eau potable avait été corrompue par des infiltrations d'eau salée provenant du Saint-Laurent. Dès 1960, Bruce reconnaît que la situation est sans issue : « Je n'ai plus les moyens d'entretenir ces jardins dans lesquels j'ai déjà beaucoup investi. Si nous ne faisons rien, ils seront bientôt envahis par les mauvaises herbes. » Bruce n'avait plus d'autre choix que de trouver un acheteur pour Estevan Lodge.

L'offre de Bruce Reford, présentée au gouvernement par le conservateur du Jardin botanique de Montréal, Henry Teuscher – qui était demeuré un grand admirateur des jardins d'Estevan Lodge depuis sa première visite en 1941 – suscita énormément d'intérêt dans les allées du pouvoir. Par un heureux hasard, il s'avérait que la vente du domaine de Grand-Métis coïncidait avec un changement radical d'orientation en ce qui concernait le tourisme au Québec: le gouvernement québécois commençait à s'intéresser à l'industrie touristique et se proposait de jouer un rôle actif dans le développement de nouveaux sites et attractions touristiques. En septembre 1961, le gouvernement de Jean Lesage annonçait qu'il se portait acquéreur des jardins. Bruce Reford fut payé 85 000 $ pour la propriété entière, ce qui incluait la maison principale et ses annexes, les jardins, et plus de 80 acres de terrain tout le long de la rivière Mitis. La nouvelle fut accueillie avec beaucoup d'enthousiasme. «Grand-Métis: premier poste touristique du grand réseau gaspésien», proclamait la manchette d'un journal local. Aux yeux de tous, les jardins et la région étaient promis à un brillant avenir.

De prime abord, Elsie Reford accueillit avec tiédeur l'idée que son fils vende la propriété au gouvernement. Elle se montra toutefois légèrement plus enthousiaste quand les instances politiques promirent de veiller à la préservation des jardins. «Le gouvernement a annoncé que le jardin serait conservé dans son état actuel et que la maison serait éventuellement transformée en musée, écrivit-elle à mon père. Bien que j'eusse souhaité que la propriété demeure dans la famille, je crois que tout ira pour le mieux du moment que nos dirigeants tiennent parole.»

Le passage de jardin privé à jardin public se fait rarement sans anicroche. Au Québec, des douzaines de jardins importants ont disparu; certains furent négligés, d'autres encore furent détruits pour faire place à de nouveaux développements. Par bonheur, les jardins d'Elsie Reford ont échappé à ce triste sort et ont magnifiquement survécu à la transition.

Les jardins furent ouverts aux visiteurs pour la première fois le 24 juin 1962. Le prix d'admission au «Domaine Reford» était alors de 25 cents par adulte; les enfants accompagnés d'un adulte étaient admis gratuitement. L'initiative connut un succès immédiat. Dans une lettre à Henry Teuscher, Richard Côté, de l'Office du tourisme, écrivait : « Nous avons reçu un grand nombre de visiteurs à Métis cet été. Certains jours, il y avait mille personnes qui se promenaient sur les sentiers du jardin. Et tout ça sans aucune publicité officielle – nous n'avons même pas mis d'affiche sur la route ! »

La popularité des jardins n'a cessé de croître depuis leur ouverture. Au début des années 1990, l'endroit recevait annuellement quelque 100 000 visiteurs. Les directeurs successifs du site ont veillé à ce que les changements apportés aux jardins restent mineurs et respectent la vision de leur créatrice. Les sentiers furent élargis dû à l'achalandage important, cependant on ne changea ni les dimensions ni la disposition des plates-bandes. Plutôt que de préconiser une transformation radicale des jardins, des directeurs tels David Gendron, Robert Castonguay et Fernand Lavoie ont cherché à préserver l'esprit dans lequel ils avaient été conçus. Dirigés par le père André Boutin et Thérèse Beaulieu-Roy, les Ateliers Plein Soleil s'occupaient des services offerts dans la maison principale, laquelle portait désormais le nom de « Villa Estevan ». L'organisation s'était donnée pour mission de préserver le bâtiment dans son état original et de créer un musée relatant l'histoire des jardins et de la région. Le site fut ouvert au public en 1962 sous le nom de « Le Domaine Reford » pour être ensuite rebaptisé « Parc Métis ». L'appellation « Les Jardins de Métis » date des années 1980.

En juin 1994, le gouvernement du Québec annonçait son intention de privatiser les jardins et cherchait une organisation locale capable d'en assumer la charge et le développement. Quelques semaines plus tard, les Ateliers Plein Soleil ainsi que plusieurs membres de la famille Reford soumettaient une offre d'achat collective qui fut acceptée. La vente fut complétée en juillet 1995. Les jardins sont aujourd'hui la propriété d'un organisme de bienfaisance sans but lucratif, Les Amis des Jardins de Métis, dont la mission est d'entretenir le site et de le garder ouvert au public. Depuis sa création, l'organisation a entrepris

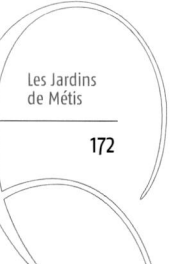

divers travaux visant l'amélioration de la propriété, notamment la restauration d'Estevan Lodge, la construction d'un nouveau Pavillon d'accueil et la conservation des écosystèmes aux abords de la rivière Mitis et du fleuve Saint-Laurent. En 2000, Les Amis des Jardins de Métis inauguraient à Grand-Métis le premier Festival international de jardins, un événement aujourd'hui mondialement reconnu comme l'un des plus importants dans le domaine du design paysager contemporain. L'immense succès des jardins est source de fierté pour la région entière. Nous continuons de préconiser ici l'emploi d'une main-d'œuvre locale – une tradition d'entraide et de solidarité qui date maintenant de plus d'un siècle. Durant la haute saison, plus de 100 personnes travaillent sur le site. De par leur soutien, membres, donateurs, partenaires gouvernementaux, commanditaires, fondations et amis ont fait des Jardins de Métis l'une des plus importantes attractions touristiques de l'Est du Canada. Grâce à eux, nous sommes devenus l'une des organisations culturelles les plus dynamiques au Québec.

On me demande souvent ce que, selon moi, mon arrière-grand-mère aurait pensé de tous ces changements et de tous ces gens qui se pressent chaque année pour visiter les jardins. Eh bien, il est certain qu'Elsie Reford n'aurait jamais pu imaginer qu'Estevan deviendrait un jour un jardin public. Cela dit, elle était très fière de ses jardins et elle n'a jamais hésité à partager leur beauté avec visiteurs et invités. Considérant avec quel désarroi elle avait accueilli la première automobile à venir pétarader sur sa propriété en 1912, je crois qu'elle aurait été horrifiée du bouillonnement d'activité qui règne ici chaque été. Nous sommes peut-être loin de ce refuge serein qu'elle avait créé, néanmoins je pense qu'elle aurait été agréablement surprise de la popularité dont jouissent ses jardins aujourd'hui. Tous les visiteurs se baladant avec émerveillement sur ces sentiers qu'elle a dessinés et façonnés et qui, calepin à la main, s'arrêtent pour noter le nom de telle ou telle plante qu'elle a elle-même sélectionnée et mise en terre… je suis convaincu que tout cela lui aurait plu. Quoi qu'il en soit, le paradis privé d'Elsie s'est bel et bien transformé en un éden public, à la grande joie des milliers de visiteurs qui, chaque été, viennent prendre part à la grande aventure horticole initiée par cette dame remarquable qu'était Elsie Reford.

Originaires d'Écosse, William Stephen et Elspet Smith ont émigré au Canada avec toute leur famille entre 1847 et 1850.

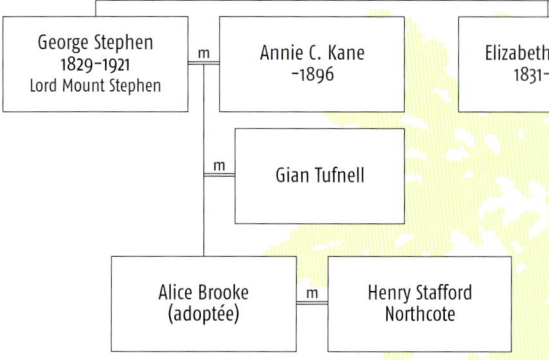

Lord Mount Stephen (en blanc) avec les parents d'Elsie Reford, Robert et Elsie Meighen.

Bruce Reford et sa première femme, Evelyn Margaret Robinson MacInnes.

Elsie Reford et sa famille, en route vers l'Angleterre sur le paquebot *RMS Ausonia* de la Cunard Line.

Michael et Robert William Reford s'amusant au bord du ruisseau Page vers 1930.

Arbre généalogique

- Elsie Stephen 1837-1917 — m — Robert Meighen 1837-1911
- William Stephen 1839-1904
- John Stephen 1841-1896
- Francis Stephen 1844-1920

- Frank Meighen 1870-1946
- Mary Elsie Stephen Meighen 1872-1967 — m — Robert Wilson Reford 1867-1951
- Margaret Isabella Smith (Harley) Meighen

- Robert Bruce Stephen Reford 1895-1972 — m — Evelyn Margaret Robinson MacInnes 1899-1993
- Lewis Eric Reford 1900-1983 — m — Katherina Nikolaievna Pletschikova 1901-1972

- Robert William Reford 1921-
- Maryon Elsie Margaret (Reford) Hibbert 1923-1967
- Michael Stephen Reford 1926- — m — Aurora Frances Tewksbury 1927-
- Eric Boris Mount Stephen Reford 1928-1997
- Sonja Moylena Katherina Reford 1931-1999
- Lewis Alexis Meighen Reford 1934-1997

- Stephen William Reford 1959-
- Lewis Tewksbury Reford 1960-
- Alexander Robert Reford 1962-
- David Bruce Reford 1966-

Crédits photographiques

Toutes les photos en couleur sont de Louise Tanguay, à moins d'indication contraire. Toutes les photos en noir et blanc sont de Robert Wilson Reford, à moins d'indication contraire.

Page 7 : Elsie Stephen Reford, 1897 ; Archives photographiques Notman, Musée McCord d'histoire canadienne, II-119620.

Page 27 : Lord Mount Stephen, par Russell & Sons, 1897.

Page 30 : "Les Fourches", photographe inconnu ; Archives nationales du Canada.

Page 38 : Réception en plein air à la résidence Meighen, par William Notman and Son ; Archives photographiques Notman, Musée McCord d'histoire canadienne, 8764 – View, 1908.

Page 44 : Elsie Meighen, par Otto Mayer, Dresde, Allemagne, vers 1890.

Page 70 : Elsie Reford, par Bruce Reford, vers 1958.

Pages 78-79 : À Grand-Métis, 1902, par William Notman and Son ; Archives photographiques Notman, Musée McCord d'histoire canadienne, 3410 – View.

Page 86 : Porte, Musée McCord d'histoire canadienne, M968.102.

Page 86 : Balustrade, Musée McCord d'histoire canadienne, M968.103.

Page 87 : Salle à manger, par Associated Screen Press.

Page 87 : Foyer, Musée McCord d'histoire canadienne, M968.101.

Page 114-115 : Reproduit avec la permission de l'artiste, Francine Larivée. Mousses (bryophytes), mousse de sphaigne, polystyrène et acier inoxydable. Collection : Musée régional de Rimouski, don de Claude Grenier, © SODART 2004.

Page 156 : Elsie Reford, par Robert Wilson Reford.

Page 159 : Elsie Reford, photographe inconnu, vers 1958.

Renseignements supplémentaires
Pour plus d'information concernant les Jardins de Métis, visitez le site Internet suivant :
www.jardinsmetis.com

Jardins de Métis/Reford Gardens
200, route 132
Grand-Métis (Québec) Canada
G0J 1Z0
Tél. : (418) 775-2222
Courriel : jardins@jardinsmetis.com

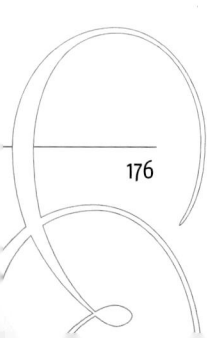

Bibliographie

Elsie Reford tenait quotidiennement le journal de ses travaux de jardinage. Elle a soumis deux articles portant sa collection de lys, qui furent publiés respectivement en 1939 et en 1949. Un troisième article, posthume, a été inclus dans une collection de livres sur les jardins parus au Canada en 1995.

ALEXANDER, Colonel Sir James Edward. *Salmon Fishing in Canada*, London, Green, Longman and Roberts, 1860.

BEAULIEU-ROY, Thérèse. *Métis, lieu de rencontre et de floraison*, Les Ateliers Plein Soleil, 2002.

BOUCHETTE, Joseph. *Topographical Dictionary of Lower Canada,* London, Faden William, 1815.

Chambres Vertes. Festival international de jardins, Jardins de Métis. Première édition, été 2000, Montréal, Musée d'art contemporain de Montréal, 2001.

Chambres Vertes. Festival international de jardins, Jardins de Métis. Deuxième édition, été 2002, Les 400 Coups, 2002.

GILBERT, Heather. *Awakening Continent. The Life of Lord Mount Stephen,* Aberdeen University Press, 1965.

GILBERT, Heather. *The End of the Road. The Life of Lord Mount Stephen,* Aberdeen University Press, 1977.

NATIONAL GALLERY OF SCOTLAND. «Leonardo da Vinci – The Mystery of the *Madonna of the Yarnwinder*», Martin Kemp, ed., Edinburgh, The Trustees of the National Galleries of Scotland, 1992, p. 41.

REFORD, Alexander. *Dictionnaire biographique du Canada,* Biographies de George Stephen (Volume XV), de Robert Reford (Volume XIV), de Robert Meighen (Volume XIV) et de Donald Smith (Volume XIV) (le *Dictionnaire biographique du Canada* est accessible en ligne à l'adresse suivante : www.biographi.ca).

REFORD, Alexander. *Jardins de Métis,* Montréal, Fides, 2001.

REFORD, Alexander. «Les Jardins d'Elsie Reford», *Estuaire,* juin 2002 (article disponible sur le site Internet des Jardins de Métis, au www. jardinsmetis.com).

REFORD, Alexander. «The Gardens of Elsie Reford», *Journal of the New England Garden History Society,* automne 2001, volume 9 (article disponible sur le site Internet des Jardins de Métis, au www. jardinsmetis.com).

REFORD, Elsie, «Lilies at Estevan Lodge, Grand-Metis, Province of Quebec, Canada», *The Royal Horticultural Society Lily Yearbook,* N° 8, 1939, p. 7-14.

REFORD, Elsie. «A Lily Garden in the Lower St. Lawrence Valley», *The Lily Yearbook of the North American Lily Society,* N° 2, 1949, p. 70-75.

REFORD, Elsie. *Gentians at Estevan Lodge,* tapuscrit non publié.

REFORD, Elsie. «Gentiana macaulayi variety welsii at Estevan Lodge, Grand-Metis, P.Q. Canada», *Garden Voices, Two Centuries of Canadian Garden Writing,* Edwinna Von Baeyer and Pleasance Crawford, Toronto, Random House, 1995, p. 238-242.

REFORD, Robert William. *Metis Memories*, à venir en 2004.

Table des matières

Avant-propos 13

Chapitre 1
Un paradis lointain 25

Chapitre 2
La naissance d'un jardin 53

Chapitre 3
Une journée au paradis 81

Chapitre 4
Un havre de beauté 121

Épilogue 169
Arbre généalogique 174
Crédits photographiques 176
Bibliographie 177

Achevé d'imprimer
au Canada en mai 2004
sur les presses de
Transcontinental.